세상을 바꾼
위대한
책벌레들 2

세상을 바꾼 위대한 책벌레들 2

초판 1쇄 펴냄 2006년 10월 9일
　　24쇄 펴냄 2025년 6월 1일

글 김문태
그림 이량덕

펴낸이 고영은 박미숙
펴낸곳 뜨인돌출판(주) | 출판등록 1994.10.11.(제406-251002011000185호)
주소 10881 경기도 파주시 회동길 337-9
홈페이지 www.ddstone.com | 블로그 blog.naver.com/ddstone1994
페이스북 www.facebook.com/ddstone1994 | 인스타그램 @ddstone_books
대표전화 02-337-5252 | 팩스 031-947-5868

ⓒ 2007 김문태, 이량덕
ISBN 978-89-92130-33-2 73810

어린이제품안전특별법에 의한 제품표시
제조자명 뜨인돌출판(주) **제조국명** 대한민국 **사용연령** 8세 이상

7명의 위인들이 들려주는 특별한 독서 비법!

세상을 바꾼 위대한 책벌레들 2

뜨인돌어린이

'타다다닥, 휙!'
　날렵한 치타가 쏜살같이 벌판을 가로질러 사냥감을 낚아챈다. 이를 본 사람들은 너나 할 것 없이 환호성을 지르며 박수를 친다. 치타처럼 되길 꿈꾸면서…….
　오늘의 우리는 치타처럼 빠른 것을 좋아한다. 빠른 시간 안에 승부내기를 원하기 때문이다. 목표를 보고 달려가는 방법만을 생각하는 사람들의 눈에 치타는 환상이다. 빠른 길, 쉬운 길을 찾는 사람들의 눈에 치타는 영웅이다. 그러나 치타는 단거리 선수이다. 긴 거리를 정신없이 달리면 체온이 올라가 죽고 말기 때문이다.
　〈호시우보〉라는 옛말이 있다. 호랑이처럼 날카롭게 보고, 소처럼 천천히 걷는다는 말이다. 목표물을 놓치지 않는 시선, 한 발 한 발 쉼 없이 내딛는 걸음이야말로 장거리 선수가 갖추어야 할 덕목이다.
　우리는 갓난아기부터 시작해 유년기를 지나 성인, 노인에 이르기까지 아주 오랜 세월을 여행한다. 때로는 숨이 찰 정도로 뛰고, 때로는 심심할 정도로 앉아 있기도 하면서 말이다. 그러나 한평생 하나의 목표를 바라보면서 꾸준히 걷기란 쉽지 않다.
　세상을 바꾼 위대한 이들은 호랑이처럼 보고, 소처럼 걸으며 살았다. 어릴 적에 아버지의 죽음을 직접 바라봐야만 했던 정조, 홀어머니

　밑에서 어렵게 자란 이황, 가난해서 서당에도 못 다닌 서경덕, 아버지 없이 미숙아로 태어난 뉴턴, 가난해서 학교에 다니지 못하고 일만 하다 가출한 벤저민 프랭클린, 반에서 꼴찌만 하던 몸이 부실했던 처칠, 학교를 중퇴하고 잡일을 하며 전전했던 헤르만 헤세 같은 위인들이 그러했다.

　그들은 어려서부터 자신 앞에 펼쳐진 험난한 가시밭길을 한 걸음 한 걸음 내딛었다. 쓰러질 듯, 엎어질 듯 하며 목표를 향해 꾸준히 걸었다. 그들의 어깨를 짓누르는 무거운 짐과 발을 찌르는 날카로운 장애물도 결코 그들을 주저앉히지는 못했다.

　그들에게는 바로 '책'이라는 든든한 친구가 있었기 때문이다. 책은 그들에게 때로는 강한 어깨가 되어 주기도 했고, 때로는 힘찬 다리가 되어 주기도 했다. 또한 따끔하게 꾸짖어 주기도 하고, 따스하게 어루만져 주기도 했다. 책이야말로 긴 여행길에 없어서는 안 될 동반자였던 셈이다.

　우리에게 논술이라는 눈앞의 목표가 있다면, 또한 성인처럼 온전하게 살고자 하는 큰 목표가 있다면 끊임없이 읽고 생각하고 판단하는 힘을 키워야 한다. 치타의 뜀박질이 아니라 소의 걸음으로 말이다. 이때 창의력과 상상력이 솟구쳐 세상을 바꾸는 힘을 얻게 될 것이다. 이 책을 읽는 모든 어린이들이 어려움을 이겨 내고, 마침내 꿈을 이루길 기대한다.

2007년 3월에 어린 책벌레들을 축복하며

김문태

이야기 순서

서자들의 친구, 정조대왕 8
세상을 보는 눈과 마음 책으로 키우다

시골 서당에 온 학동들과 이황 30
온 정신을 집중하여 책을 읽다

서당 못 다니는 아이와 서경덕 52
책을 통해 사물의 이치를 배우다

어린이 수학 천재들과 뉴턴 74
책을 읽다 생기는 의문은 메모하여 해답을 찾다

가출 소녀와 벤저민 프랭클린 96
작가의 생각에 귀를 기울이며 책을 읽다

모교를 방문한 꼴찌, 처칠 총리 118
책에서 읽은 좋은 단어와 문장을 외우다

문학 캠프에 간 헤르만 헤세 138
마음에 드는 책부터 읽기 시작하다

책벌레들의 속닥속닥 독서 비법! 158

서자들의 친구, 정조 대왕

세상을 보는 눈과 마음 책으로 키우다

"아바마마, 소자 공이에요."

"오, 세자로구나. 어서 들라. 콜록콜록."

1800년 2월 초하루. 창덕궁의 소나무 가지에 아직 눈이 남아 있는 싸늘한 날이다. 손을 앞으로 모으고, 뒤꿈치를 들어 사뿐히 걷는 세자의 모습이 공손하다. 지난달 세자로 책봉된 뒤 더욱 늠름해진 듯하다. 세자가 벌써 11살이나 되었으니 이제 눈을 감는다 해도 여한이 없다. 나는 세자의 나이 때 아버지를 여의었다. 그런데 세자 또한 그럴 것이라는 좋지 않은 느낌이 밀려든다.

어린 시절의 기억이 아련하다. 그때가 아마 할아버지이신 영조대왕께서 나라를 다스리시던 1762년 동짓날이었을 게다.

"세손 저하, 오늘은 개유화 도서관에서 책을 읽으시는 게 좋겠습니다."

"홍 열서는 아직도 내 마음을 모른단 말입니까?"

"그런 게 아니고……."

홍국영은 왕자들의 서당인 시강원의 열서로 나에게 글을 가르치고 있다. 그는 내가 궁궐 밖에 나가자고 하면 안절부절 어쩔 줄 몰라 한다. 혹시라도 임금님께서 나무라실까 봐 그런 것이다. 그러나 나는

※ 열서 조선 시대 세자에게 글과 도의를 가르치는 시강원의 관직.

※ 홍국영 시강원 열서로서 세손을 해하려는 음모를 막아 깊은 신임을 얻었다. 그러나 정조가 왕이 된 이후에 갖은 횡포를 일삼았고, 왕비를 죽이려는 음모를 꾸몄다가 쫓겨났다.

※ 시강원 조선 시대에 왕세자의 교육 등을 맡아보던 관청.

세상을 알고 싶고, 백성들이 사는 모습도 보고 싶다. 궁궐 안의 답답함에서 벗어나고 싶은 마음도 있지만, 먼 훗날 내가 왕이 됐을 때 무엇을 해야 하는지를 알기 위해서다.

결국 으레 그랬듯이 아침 일찍 홍 열서와 몰래 궁궐을 빠져나왔다. 동짓날답게 제법 차가운 날이다. 한참을 걸어 어느 마을에 들어서자, 초가집 담벼락의 양지바른 곳에서 내 또래 아이 둘이 제기차기를 하고 있다. 궁궐에서 혼자 지내다시피하는 나에게 내 또래의 아이들은 언제나 반갑다.

"안녕!"

내가 인사를 건네자 경계하는 눈빛으로 묻는다.

"넌 처음 보는 앤데. 누구니?"

"응, 난 산이야. '셀 산(祘)' 자를 써서 이산이라고 해. 나도 좀 끼워 줄래?"

"센다고? 뭘 세는데? 그럼 산수는 잘하겠네 뭐. 안 그러냐? 히히."

나를 경계하는 마음이 내 이름으로 인해 다소 누그러진 것 같아 다행이다.

"난 유득공이야. 얘는 박제가고. 그런데 저 어른은 누구니?"

홍 열서가 저만치 있는데도 아이들은 신경이 쓰이는 모양이다.

"내가 길을 잘 몰라서 나를 안내해 주는 분이야. 신경 쓰지 마."

유득공, 박제가 성장하여 조선 후기의 대표적인 실학자가 된다. 정조의 특명으로 규장각 검서관으로 임명되어 많은 책을 편찬하는 일을 했다. 이덕무, 서이수와 더불어 〈4검서관〉이라 불린다.

추운 날인데도 땀이 날 정도로 어울려 놀다 보니 배가 고프다. 마침 득공이 어머니가 담장 너머로 얼굴을 내밀며 팥죽을 먹으러 들어오라고 소리친다. 덕분에 아이들을 따라 초라하지만, 따끈한 방에 들어가 팥죽 한 그릇을 뚝딱 비웠다. 득공이 어머니가 흐뭇한 표정이시다.

"동짓날 팥죽을 먹으면 잡귀신들이 얼씬도 못한단다. 그러니 한 그릇 더 먹어 두렴."

"아후, 너무 많이 먹어 배가 터지겠어요. 이렇게 맛난 음식은 난생 처음 먹어 보는 것 같아요. 헤헤헤."

그러자 아이들이 눈을 동그랗게 뜨며 묻는다.

"팥죽을 처음 먹어 본다고?"

"아니. 그런 건 아니고. 설렁탕이나 곰탕보다 맛있다는 말이야."

그러자 두 아이가 서로의 얼굴을 바라보며 의아하다는 듯이 묻는다.

"흠. 설렁탕은 임금님께서 선농제를 지내고 난 다음에 그 제물로 바친 소를 끓인 음식이라던데."

"응. 하느님께 풍년이 들기를 빌고 나서 나누어 먹는 음식이지."

"그런데 그걸 먹어 봤단 말이야?"

순간 입에서 '이크!' 하는 소리가 배어 나온다. 내 신분이 들통 나게 생겼다.

"그, 그게 아니라, 작년에 아버지 따라 선농제 구경 갔다 딱 한 번 얻어 먹어 봤어."

선농제 왕이 풍년을 기원하며 지낸 제사를 말하며, 현재 동대문구 제기동에 있는 선농단에서 거행했다.

"그럼 그렇지. 그런데 곰탕은 뭐야? 조개를 넣고 끓이면 조개탕이고, 대구를 넣고 끓이면 대구탕인데……. 그럼 곰탕은 곰을 넣고 끓인 탕이니?"

순간 '우하하' 하고 웃음이 터지는 걸 간신히 참는다.

"그, 그게 아니고, 곰탕은 쇠고기를 흠씬 고아서 끓인 국이야. 나도 몇 번 못 먹어 봤어."

"아, 그렇구나. 하긴 우리 같이 가난한 사람들은 쇠고기를 먹어 볼 기회가 거의 없으니까 모르는 게 당연하지 뭐. 안 그러냐?"

괜히 설렁탕, 곰탕 얘기를 꺼내서 분위기가 어색해졌다. 말을 돌려야겠다.

"그런데 너희들은 서당에 안 다니니?"

"우리 같은 서자들이 서당에 가면 뭐하니?"

"아니, 서자도 양반인데, 왜 서당엘 안 간다는 거야?"

이상하다는 듯이 묻자 아이들이 오히려 언성을 높인다.

"넌 서자 차별법인 서얼금고법도 모르니? 아무리 양반이라도 첩의 자식들은 벼슬에 나갈 수 없게 한 제도 말이야."

"더군다나 우린 양반 축에도 못 껴. 그러니 나라에서 인재를 키운다는 성균관에서도 서자들은 따로 앉아 공부한다고 하잖니."

쇠고기를 먹는 나 같은 정식 양반이 자신들의 처지를 알겠냐는 투다. 사실 나도 이 아이들과 별반 다를 것이 없다. 우리 할아버지는 궁궐의 가장 낮은 지위에 있는 무수리의 아들이라고 들었다. 그런데 지금 세상에선 이런 기막힌 일들이 벌어지고 있다니. 아이들과 친구하기로 했으니 내 속마음을 털어놓아야겠다.

"사실 나도 엄밀히 말하면 서자 출신이야. 우리 할아버지가 서자시거든."

"정말?"

서자 본 부인이 아닌 다른 여자(첩)에게서 태어난 자식.

서얼금고법 조선 시대에 첩의 자식 및 그 자손을 차별하던 규정.

성균관 고려말과 조선 시대 최고의 교육기관.

무수리 고려, 조선 시대에 궁중에서 청소 따위의 잔심부름을 담당하던 계집종.

"응. 하지만 난 책 읽는 게 참 좋아."

"서자가 책을 읽어 어디 쓰려고?"

"어디 쓰려는 게 아니라, 책을 읽으면 마음이 편해져. 난 아버지가 안 계셔. 지난 여름에 비참하게 돌아가셨거든."

울컥하는 마음에 눈물이 고인다.

"할아버지와 어머니가 계시기는 하지만, 아버지가 안 계신 외딴 집에 나 혼자 살고 있어서 슬프고 외로울 때가 많아. 또 나를 해치려고 음모를 꾸미는 사람들이 있는 것 같아 무섭기도 하고. 그럴 때 책을 펼치면 거짓말처럼 슬픈 생각이나 무서운 마음이 씻은 듯이 사라져."

아이들의 눈이 동그래진다. 좋은 음식을 먹고, 좋은 옷을 입고 있는 내가 그럴 줄은 몰랐다는 눈치다. 잠자코 있던 제가가 머리를 긁적이며 입을 연다.

"그런 힘든 일이 있었구나. 우린 그런 것도 모르고. 미안해."

그러자 득공이가 제가를 가리키며 나선다.

"사실 나는 책을 읽을 필요가 없다고 생각하지만, 얘는 달라. 제가는 어릴 때부터 한번 읽은 책은 반드시 세 번씩 베껴 썼대. 변소에 가서도 허공에 글쓰기 연습을 하고, 짬만 나면 모랫바닥에도 글을 쓰거든. 히히히."

"우아. 정말?"

그러자 제가가 수줍은 듯이 웃는다.

"사실 난 너무 내성적이라 친구가 별로 없어. 그런 나에게 득공이 말고는 책이 유일한 친구거든. 우리 같은 서자 출신이 벼슬길에 나가려고 글공부하는 건 아니잖아. 그런데도 책을 읽으면 마음이 그렇게 포근해질 수 없어. 그래서 혼자 있을 땐 책만 읽게 돼."

"그건 나랑 똑같네 뭐. 우리 열심히 책을 읽어서 언젠가 멋진 모습으로 다시 만나 큰일을 함께했으면 좋겠다. 득공이랑 제가랑 모두."

아이들은 한편으로는 기뻐하면서도, 다른 한편으로는 의심스러운 듯이 말을 건넨다.

"그래, 진짜 그랬으면 좋겠다. 나랑 득공이랑 산이랑 함께 나라를 위해 큰일을 할 수 있으면 얼마나 좋을까? 임금님을 모시고 말이야. 헤헤."

"에이, 설마 그런 날이 오겠냐? 꿈 깨셔. 하하하."

마음 맞는 친구들과 속내를 터놓는 동안 추위를 다스리는 동장군의 억센 힘도 한풀 꺾인 듯하다.

"아바마마!"

세자가 부르는 소리에 정신이 번쩍 든다.

"우리 세자를 보니 이 아비의 어린 시절 생각이 나서 그만. 껄껄."

얌전히 무릎 꿇고 앉은 세자를 보니 다시 눈물이 솟구친다. 뒤주 속에서 굶어 돌아가신 사도 세자. 그 아버지를 용서해 달라고 할아버지께 매달렸으나 아무 소용이 없었다. 그런데 아버지를 잃은 그 슬픔을 또 이 어린 세자에게 물려주어야 한단 말인가. 아무래도 이 몸이 오래 버티지 못할 것 같다.

"세자는 요즘 무슨 책을 읽었느냐?"

"《계몽편》,《동몽선습》,《격몽요결》을 뗀 뒤, 얼마 전에《명심보감》을 읽었어요."

"《명심보감》이 어떤 책이라 여기느냐?"

"사람이 사람답게 사는 도리를 잘 일러 주는 책이라 생각했어요."

"호, 그래? 그럼《명심보감》중에서 기억나는 대목이 있느냐?"

세자가 잠시 골똘히 생각하다 낭랑한 목소리로 읊는다.

"학이지원이면 여피상운이도청천하고 여등고산이망사해라.(學而智遠 如披祥雲而覩靑天 如登高山而望四海) '배워서 지혜가 원대해지면 상서로운 구름을 헤치고 푸른 하늘을 보는 것과 같으며, 높은 산에 올라와 세상을 바라보는 것과 같다'는 구절이 기억에 남아요."

"오호. 기특하도다. 기본적인 책은 다 읽었으니 이제《소학》이나《통감절요》를 읽겠구나."

"요즘《소학》을 읽고 있어요."

《천자문》과《사자소학》을 뗀 게 엊그제 같은데, 벌써《소학》을 읽는다 하니 세월이 빠르기도 하다. 세자가 부끄러운 듯이 고개를 숙이고 우물쭈물하며 묻는다.

"아바마마! 소자는 아직 어려서 그런지 책을 왜 읽어야 하는지 잘 모르겠어요. 그저 시강원 훈장님들이 읽고 외우라 하니 그리할 뿐이거든요."

"조금 전에 세자 입으로 이미 말하지 않았느냐? 책을 읽으면 눈이

상서로운 복스럽고 길한 일이 있을 듯한 기운을 말한다.

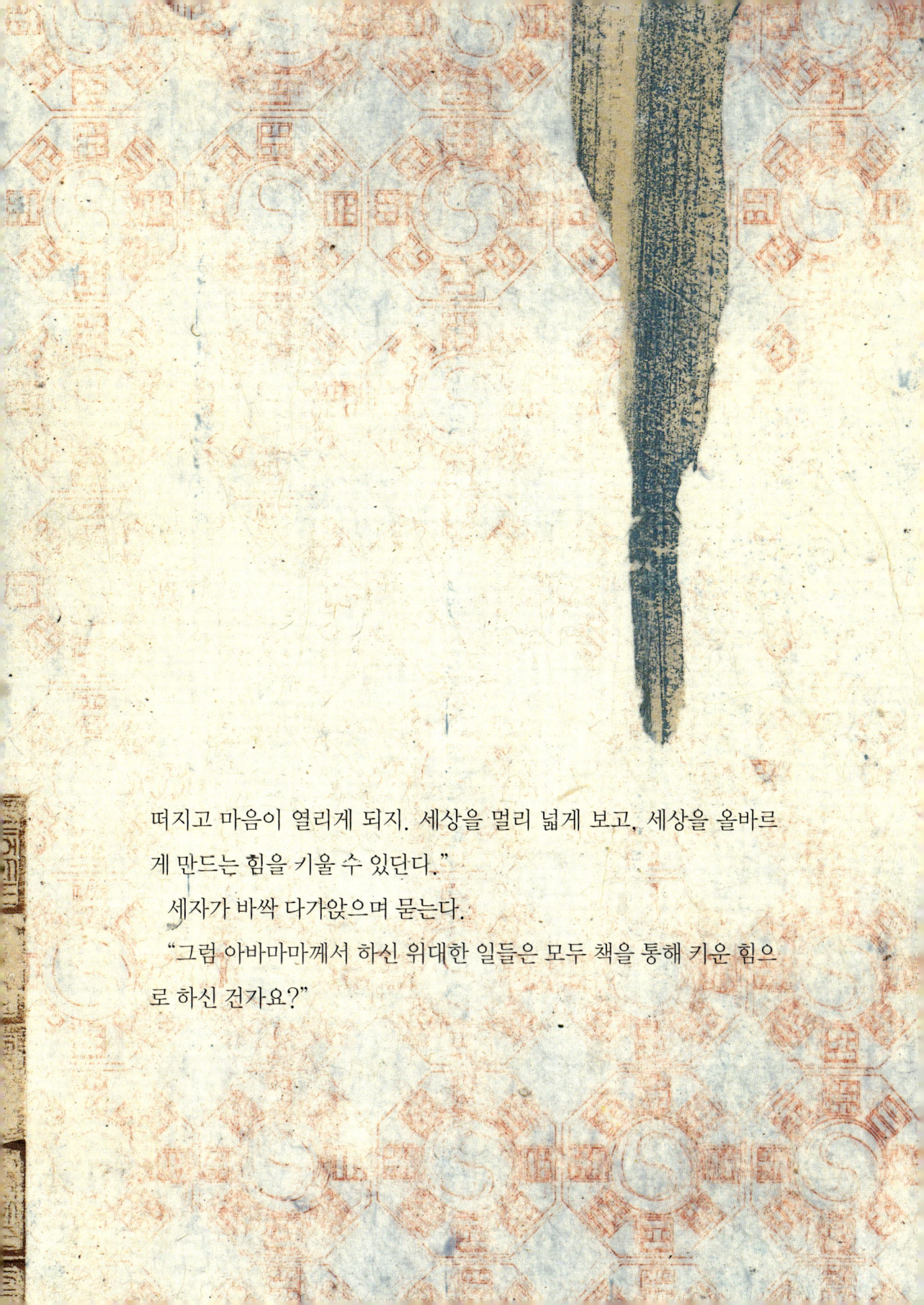

 떠지고 마음이 열리게 되지. 세상을 멀리 넓게 보고, 세상을 올바르게 만드는 힘을 키울 수 있단다."
 세자가 바싹 다가앉으며 묻는다.
 "그럼 아바마마께서 하신 위대한 일들은 모두 책을 통해 키운 힘으로 하신 건가요?"

"아무렴. 임금의 도리를 익혀 백성들을 편안하고 잘 살게 해 주는 모든 지혜를 책에서 배웠지. 열흘에 한 권, 좋은 책을 읽으면 백성이 부유하고 군사가 강해질 게다. 그런데 세자는 무엇을 보고 이 아비가 위대한 일을 했다고 생각하느냐?"

"소자는 잘 모르지만, 아바마마께서 서얼 차별을 없애기 위해 힘쓰셨다는 말을 들었어요. 이런 일은 아무나 생각할 수 있는 일이 아니잖아요."

세자를 철부지로만 생각했는데, 그게 아니로구나. 이렇게 속이 꽉 차 있을 줄이야. 이 자리를 이제 세자에게 물려주어도 아무런 문제가 없을 듯하다.

"세자의 마음이 깊구나. 서얼 차별 문제는 네 증조할아버지이신 영조대왕께서도 관심을 가지고 고치려 하셨단다. 그래서 모든 사람들에게 기회를 고르게 주는 탕평책을 쓰셨지. 당파나 집안, 신분을 가리지 않고 인재를 골고루 선발하는 거야. 그러나 대부분의 양반들이 이를 따르지 않았지."

"그래서요?"

"이 아비가 즉위한 뒤, 서얼 차별을 없애는 법을 만들어 서얼들도 벼슬을 할 수 있게 했단다."

"우아. 정말로요?"

놀라움 반, 기쁨 반으로 세자의 입이 떡 벌어졌다.

당파 주의, 주장, 이해를 같이하는 사람들이 뭉쳐 만든 단체나 모임.

"세자는 며칠 전에 이 아비와 함께 규장각에 갔을 때 본 검서관들을 기억하느냐?"

"그럼요. 그분들은 모두 책벌레들이라면서요? 그래서 아바마마께서 책 만드는 중요한 일을 맡겼다고 하셨잖아요."

"놀라지 말거라. 이 아비가 1779년에 처음으로 검서관에 임명한 유득공, 박제가, 이덕무, 서이수는 모두 다 서얼 출신들이란다."

"네에? 어떻게 그 중요한 자리에……."

법은 책 속에서 머물고, 꿈은 머릿속에서 맴돌다 끝나는 경우가 대부분이다. 그런데 이를 실제로 시행했다고 하니 믿기지 않는 모양이다.

"그리고 초계문신들 중에도 서얼 출신들이 상당히 많지."

"초계문신은 학식이 뛰어난 선비들만 되는 거 아닌가요? 그런데도 서얼 출신을 뽑았어요?"

"암. 이 아비는 모든 사람들이 공평하게 대접을 받아야 한다고 생각했단다. 그래서 영조대왕 때부터 해 오던 탕평책을 꾸준히 추진해 왔지."

이때 승정원의 도승지기 문서를 받들고 들어온다. 관공서에 있는 노비들을 풀어 주면 안 된다는 상소문이다. 언제나 내 마음이 통할 것인가. 내가 죽기 전에 노비들을 모두 일반 백성으로 풀어 주고 가

규장각 정조가 자신이 즉위한 해에 설치한 왕실 도서관.
승정원 조선 시대 왕명을 맡아보던 관아로 오늘날의 대통령 비서실 역할을 했다. 도승지는 승정원의 으뜸 벼슬이다.

야 할 텐데. 우선 나라에 속한 관비만이라도 그리할 수 있다면 좋겠다. 이런 내 마음을 헤아리는 도승지가 끼어든다.

"상감마마, 힘을 내시옵소서. 그 큰 뜻을 아는 이는 다 알고 있나이다. 상감마마께서는 1791년에 성균관에서 서얼들이 따로 앉는 차별을 없애고, 무조건 나이 순서대로 앉게 하셨나이다. 마침 그날 오랜 가뭄 끝에 단비가 내렸고, 백성들은 그 비를 나이 순서대로 앉게 해서 내린 비라 하여 '서치우'라 부르며 온 나라가 떠들썩하게 기뻐하지 않았나이까?"

"하하하. 그랬던가요."

"뿐만 아니라 상감마마께서는 중인들의 문학 단체인 〈옥계 시사〉를 지원하여 《풍요속선》이라는 시집까지 만들게 하셨나이다. 서얼, 중인, 천민을 가리지 않으셨으니 어찌 성인 임금이라 아니하겠습니까?"

"도승지의 칭찬이 너무 과하오. 껄껄."

고개를 끄덕이며 듣고 있던 세자가 무언가 깨달았다는 듯이 말문을 연다.

"아바마마. 책을 읽는 이유를 이제야 알겠어요. 세상을 올바르게 다스리기 위한 힘을 기르기 위해 독서한다는 걸요."

두 주먹을 불끈 쥐며 다짐하는 세자의 모습이 대견하다. 한마디 더

중인 조선 시대에 양반과 평민의 중간에 있던 신분 계급.
천민 지체가 낮고 천한 백성.

해 주어야겠다. 독서의 즐거움을 빼놓을 수는 없는 일 아닌가.

"독서하는 또 다른 이유가 있단다. 세자가 좀 더 크면 알게 되겠지만, 이 아비는 어린 시절을 슬픔과 외로움과 두려움 속에서 지냈단다. 그때 내 곁에 책이 없었다면 아마 오늘이 없었을지도 모르지. 거칠고 쓸쓸한 벌판에 나 홀로 서 있다는 생각이 들 때, 책을 펼치렴. 그럼 자신도 모르는 사이에 모든 어려움들이 눈 녹듯이 사르르 사라지게 될 거야."

세자의 눈이 반짝인다. 이 아비는 언제나 점잖고, 엄숙하며, 힘이 넘치는 임금이라 생각해 왔을 것이다. 마치 한양 땅을 지키는 저 우뚝 솟은 삼각산처럼 말이다. 그런 이 아비가 자기처럼 약한 면이 있다는 사실을 오히려 가슴 깊이 느끼고 있는지도 모르겠다.

"아바마마, 그럼 책은 어떻게 읽어야 하나요?"

"이 아비는 기본적인 뜻에 의문을 갖고 책을 읽었단다. 읽고 난 후에는 그 생각을 정리했지."

"너무 어려워요. 그게 무슨 말씀이죠?"

"그 책이 말하고자 하는 뜻을 한마디로 요약하는 거지. 아마 세자 나이 때쯤이었을 거야. 찬선 송명흠이 이 아비에게 《맹자》의 기본 뜻을 물은 적이 있었단다. 그래 이 아비가 '사람의 욕심을 막고 하늘의 이치를 보존하는 것입니다.'라고 대답해 사람들을 놀라게 한 적이 있지. 껄껄껄."

찬선 조선 시대에 시강원에 속하여 왕세자의 교육을 맡아보던 정삼품 벼슬.

이때 도승지가 끼어든다.

"세자 저하! 상감마마께서는 세손 시절인 열 살 때에 시강원 박사에게 하늘의 명령을 밝힌다는 뜻을 가진 《소학》의 '명명혁연'이라는 구절의 기본 뜻에 대해 물으신 적이 있다고 들었습니다."

"뭐라고 물으셨는데요?"

"그 어리신 나이에 글쎄, '하늘의 뜻이 내 몸에 있다는 것을 어떻게 알 수 있으며, 그걸 밝히려면 어떤 공부를 해야 합니까?' 하고 질문했답니다. 그러자 그 박사가 대답을 못해 쩔쩔매고, 그 자리에 있던 신하들은 성인 임금감이라고 침이 마르게 칭찬했다 합니다."

"우아. 정말 대단하셨네요."

"오죽하면 영조대왕께서 '세손이 궁궐 후원에 꽃이 만발하여도 날마다 조용히 앉아 독서만 하니, 이는 억지로 되는 일이 아니라 천성이 그런 것이다.'라고 하시며 칭찬하셨겠습니까?"

이거 참 도승지 때문에 난처하게 됐다. 세자에게 가르침을 주려다 오히려 세자를 주눅 들게 하겠구나.

"도승지! 짐이 무슨 공부를 했겠소? 다만 짐은 어린 시절부터 많은 어려움을 겪어 왔기에 책을 읽어서 마음을 바로잡아 참았을 뿐이지요."

"상감마마, 황공하나이다."

"세자는 들으라. 이 아비는 하루라도 책을 읽지 않으면 마음이 편치 않았단다. 가난한 선비들은 눈 오는 밤이면 눈빛에, 달이 뜬 밤이면 달빛에 책을 읽고, 언 붓을 입김으로 녹여 가며 공부했다고 한다.

이 아비는 항상 그런 가난한 선비를 생각하며 책을 읽었지."

"……."

"책을 읽은 후에는 기록해 두어라."

"어떻게 하면 되나요?"

"이 아비는 〈독서기〉라는 책을 만들어 어려서부터 읽었던 모든 책을 경·사·자·집이라는 분야별로 나누어 상세히 기록했어. 그런 다음 책의 제목과 지은이를 적고, 의심나는 곳이 있으면 자세하게 주를 달고, 끝에는 읽은 날짜와 감상을 적어 두었지. 그러곤 한가할 때 그걸 펼쳐 보면서 반성의 기회로 삼았단다. 이렇게 하면 책 내용을 자세하게 살피고, 또렷하게 생각하는 게 몸에 배게 될 거야. 콜록콜록."

참았던 기침이 터져 나온다. 그러나 세자의 얼굴이 한결 밝아졌으니 다행스럽다. 저 해맑은 미소가 온 세상의 추위를 녹이고, 어둠을 밝히는 힘이 될 것이다. 아지랑이 피어오르고 산새 지저귀는 따스한 봄날이 머지않았구나.

경·사·자·집 중국에서 비롯된 서적 분류법으로 경은 경서, 사는 역사책, 자는 〈맹자〉, 〈노자〉 같은 서적, 집은 시와 부 등을 모은 책을 말한다.

정조대왕
독서로 슬픔과 두려움을 극복하다

    정조대왕은 1752년 9월 22일 영조의 둘째 아들인 사도 세자와 혜경궁 홍씨 사이에서 태어나 8세의 나이로 세손에 책봉되었다. 1762년에 좌참찬 김시묵의 딸 효의 왕후와 혼례를 치렀다. 이해 5월에 신임 사화를 비판했던 아버지 사도 세자가 노론 세력의 음모로 뒤주 속에서 죽는 광경을 직접 보았다. 효성이 지극하여 아버지와 선왕의 능에 참배하러 다닌 기록이 100회를 넘었고, 한강을 건너기 위해 배다리를 설치하기도 했다. 그는 아버지를 살해한 세력으로부터 끊임없이 죽음의 위협에 시달리며 성장했다. 결국 홍국영의 도움을 받으며 드러나지 않게 지내다가 1776년 25세의 나이로 왕위에 올랐다.

    1781년에 규장각 제도를 손질하여 나라를 다스리는 중심 기구로 삼았다. 보지 않은 책이 없다고 말할 정도로 중국의 학문과 문화에 정통하여 세손 때부터 추진한 《사고전서》의 수입에 노력했으며, 즉위 후에는 《고금도서집성》 5,020권을 들여오기도 했다. 오늘날까지 규장각에 있는 중국 서적의 상당수가 이때 수입된 것들이다. 또한 규장각에 초계문신 제도를 만들어 학문과 정치에 이바지할 신하들을 키워 나갔다. 이 제도는 세종 대왕이 학자를 뽑아 휴가를 주어 공부하게 한 사가독서제의 전통을 이어받은 것이다. 승문원의 참상, 참하 벼슬에 있는 37세 이하 문신들 가운데 재주가 있는 자들을 뽑아 매달 경전과 역사서를 강론하고 열흘마다 시험을 봐서 상벌을 내렸다. 40세가 되면 졸업시켜 관리에 임명했는데, 1781년 이후 10차례에 걸쳐 138명을 선발했다.

    그는 사도 세자의 죽음이 당쟁 때문이었다는 사실을 알고, 영조의 탕평책을 계승하여 당파와 신분을 가리지 않고 인재를 등용하고자 했다. 여기에는 양반들 뿐만 아니라, 서얼, 중인, 노비에 대한 배려도 포함되어 있었다. 도망간 노비를 찾아내는 내수사의 노비 추쇄 관직을 없앴으며, 서얼과 중인의 등용을 위해 여러 제도를 만들어 시행했다. 결국 그가 사망한 다음해인 1801년에 내수사와 중앙 관서에 속한 노비들이 해방되었다. 이는 1863년 미국의 북부와 남부의 정치적 문제로 이루어진 링컨의 노예해방선언보다 혁신적인 일이었다.

  1792년 10월의 문체반정도 탕평책과 관련되어 있었다. 그는 올바른 학문을 밝히고 사악한 학문을 물리치는 한편, 경전의 가르침을 숭상하고 잡문을 물리치려 했다. 천주교가 전래되면서 이를 믿는 남인 세력을 모함하는 목소리가 높아지자 천주교를 징계하는 동시에, 그 반대편에 있던 노론 세력의 자유분방한 문체와 은어·비어가 담긴 패관 문학을 제제하는 등 양쪽의 잘못을 지적하여 위기를 넘겼던 것이다.

  24년 재위 중 150여종 4천 권의 책을 편찬했고, 《홍재전서》184권 100책의 개인 문집을 남겼다. 그중 〈일득록〉이라는 수상록과 〈독서기〉가 눈길을 끈다. 1800년 6월 28일, 49세에 창경궁 영춘헌에서 세상을 떴다. 부스럼이 피부에 파고드는 병에 걸려 사망했다고 하나, 반대파에 의해 독살되었을 것이라는 추측도 무성하다.

임금님이 즐겨 읽은 책

사자소학

주희의 《소학》과 기타 여러 경전의 내용을 뽑아 4글자 1구절로 알기 쉽게 편집한 책이다. 옛날 서당에서 공부하는 학동들이 천자문을 떼고 제일 처음 배우는 한자 학습을 위한 입문서이다. 저자가 알려져 있지 않으며, 지어진 시기도 분명하지 않다. 어린 학동들은 이 책을 통해 한자 교육과 인성 교육을 받았다. 부모님에 대한 효도, 형제간의 우애, 친구간의 우정, 스승에 대한 예의, 바람직한 만남 등 올바른 마음가짐을 갖는 데 필요한 근본적인 내용을 담고 있다.

계몽편

하늘, 땅, 사람과 관련된 내용과 동·식물 등 어린이의 기초 교육에 필요한 내용을 담았다. 인간 생활에 필요한 실질적인 내용을 담고 있다는 것이 특징이다. 옛날 서당에서는 《천자문》이나 《유합》을 뗀 후, 교훈적인 교재로서 이 《계몽편》이나 《동몽선습》을 가르쳤다. 계몽편은 다섯 편으로 나누어 있는데, 첫 편은 머리편으로 천체의 개략을 설명했고, 둘째 편은 하늘편으로 하늘에 관계되는 내용을 언급했으며, 셋째 편은 땅편으로 땅에 관계되는 내용을 말했고, 넷째 편은 사물편으로 짐승, 곡식, 초목에 대한 내용을 말했다. 마지막 다섯째 편은 사람편으로 사람이 해야 할 도리를 설명했다. 이 책이 나오자 많은 서당에서 교과서로 채택하여 《동몽선습》과 《소학》보다 높은 인기를 누렸다.

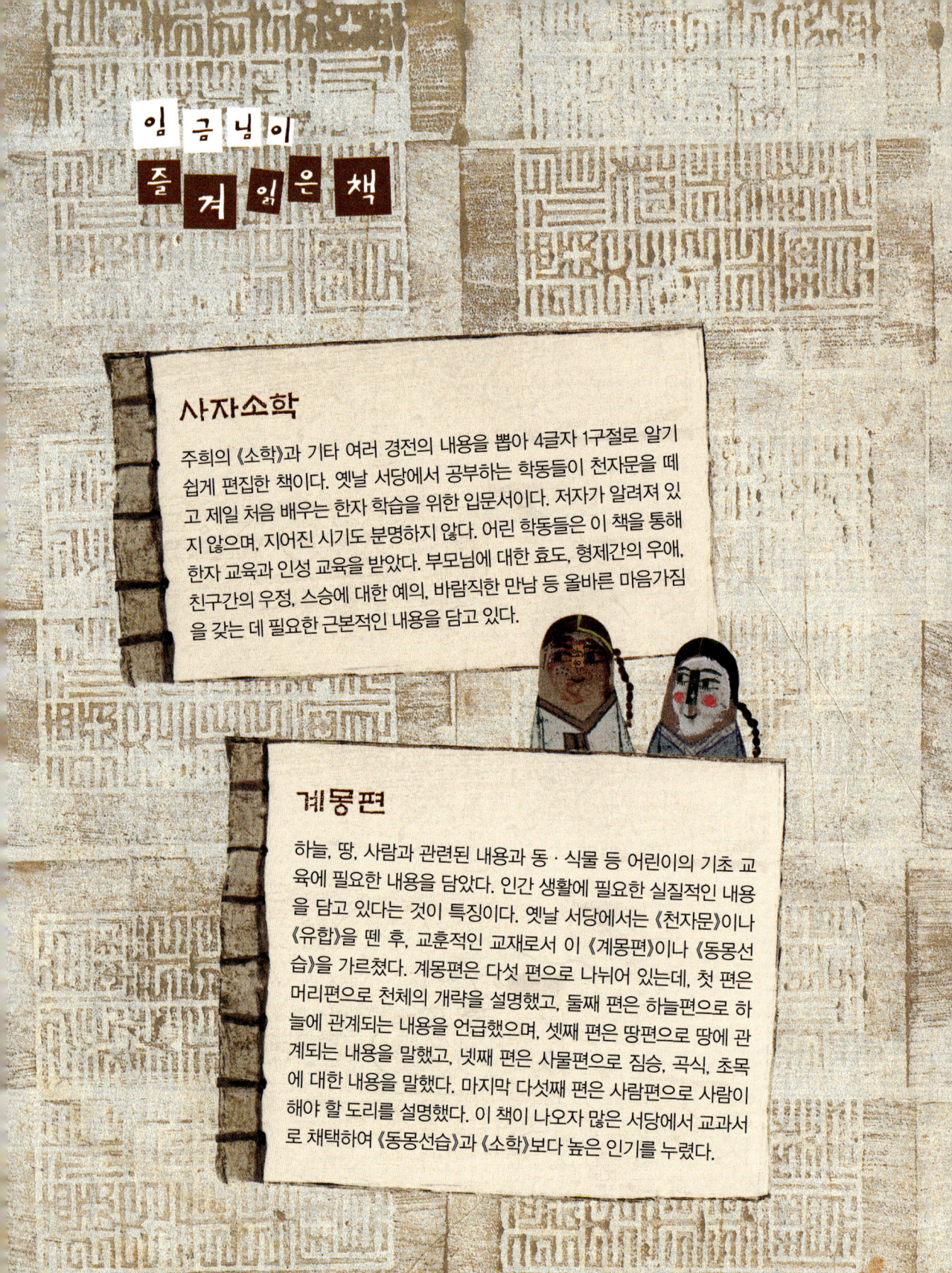

명심보감

이 책은 고려 충렬왕 때의 문신인 추적이 중국 고전에서 163항목을 가려서 편찬한 어린이 인격 수양을 위한 한문 교양서이다. 생활의 본보기가 될 만한 귀중한 내용을 가진 짧은 어구나 유명한 어구를 모아 놓았다. '명심'이란 마음을 밝게 한다는 뜻이며, '보감'은 보물과 같은 거울로서 교본이 된다는 뜻이다. 원래 19편이었는데, 후에 어떤 학자가 팔반가, 효행, 염의, 권학 등 5편을 더해 전해온다. 공자를 비롯한 성현들의 말로 시작된다. 계선, 천명, 순명, 효행, 정기, 안분, 존심, 계성, 근학, 훈자, 성심, 입교, 치정, 치가, 안의, 준례, 언어, 교우, 부행편이 있다. 이 책은 하늘의 밝은 섭리를 설명하고, 자신을 반성하여 인간이 본래 지니고 있는 양심을 보존함으로써 높은 인격을 닦을 수 있다는 것을 드러내 보이고 있다.

임금님의 서얼 차별 금지 명령

임금께서 대사성 유당에게 전교했다.
"나이에 따라 차례를 정하는 일은 선왕에서 단단히 타일러 조심하라 하시지 않았던가? 그런데 요즘 들으니 성균관에서 서얼을 남쪽 줄에 따로 앉게 한다고 한다. 일반 백성 가운데서도 빼어난 자가 모두 태학에 들어가면 왕공 귀인도 그들과 더불어 나이에 따라 차례로 앉게 하지 않는가? 서얼들의 지체는 비록 낮으나 똑같은 양반이다. 또 성인이 사람을 가르칠 때, 단지 그 사람이 어진가 어질지 않기 하는 것만 볼 뿐 그 문벌의 귀하고 천한 것은 따지지 않았다. 그런데 당당한 성균관으로서 어찌 유독 서얼만 따로 남쪽 줄에 앉게 하고, 같은 줄에 있지 못하게 한단 말인가? 또 이미 태학에 들어오는 것을 허락하고서, 어깨를 나란히 하는 것을 허락하지 않으려는 것은 의리에 맞지 않는 것이다. 식당에서 나이대로 앉게 하는 것이 조정의 관직이나 개인집의 명분과 무슨 관계가 있겠는가? 그런데도 남쪽 줄에 따로 앉게 하거나, 혹은 끝줄에 내려앉게 하니 이는 천만부당한 일이다. 경의 직책이 대사성이니 그것을 바로잡고 고치는 것이 경의 책임 아닌가?" -《정조실록》15년 4월 15일

시골 서당에 온 학동들과 이황

온 정신을 집중하여 책을 읽다

1561년 7월, 오늘은 한양 학동들의 〈시골 서당 체험 학습〉 행사가 열리는 날이다. 한양에서 벼슬하고 있는 이 마을 출신 관리들의 자제들이 우리 서당을 방문하는 행사다.
　나는 10년 전에 관직을 내놓고 고향 땅에 내려왔다. 그리고 한서암을 짓고 조용히 배우고자 하는 마음으로 정습 독서당을 차렸다. 그런데 소문을 듣고 찾아오는 많은 학도들을 감당할 수 없게 되었다. 그래서 몇 년간 준비해 작년 11월에 이 도산 서당을 열었다. 첫 공식 행사라서 그런가. 환갑을 몇 달 앞둔 늙은이의 마음이 괜스레 설렌다.

　"맴 맴 맴 맴 매애."
　은행나무에 매달린 매미가 한가로이 우는 가운데, 서당 사람들은 손님 맞을 채비에 분주하다. 사내들은 마당을 쓸고 대청마루를 닦는다. 또 아낙네들은 부엌에서 손님 접대할 음식 준비에 부산하다.
　삼사십 대의 젊은 관리들이 십여 세 전후의 학동들을 데리고 서당으로 속속 들어선다. 대청에 오르자마자 아버지와 아들이 함께 절을 한다. 나 역시 엉거주춤하게 앉아 이들과 맞절을 한다. 맹자께서도 인의예지를 말씀하지 않으셨던가. 사람만이 어질고, 의롭고, 예의 바르고, 지혜로우니 사람이 동물과 다른 까닭이다.
　서로 인사하는 손님들로 대청이 북적인다. 학동들은 한양에서 친분을 쌓았는지 스스럼없다. 킥킥 웃으며 재잘거리는 모습이 보기 좋다. 우리 서당에서 공부하는 제자 중에서 행실이 바르고 학문이 뛰어난 학봉에게 행사의 진행을 맡겼다. 학봉이 공손하게 서서 행사 시작을 알린다.

"학동 여러분, 안녕하세요?"

"안녕하세요?"

학동들의 우렁찬 목소리에 매미 울음소리가 뚝 끊어진다.

"날이 좀 덥죠?"

"네!"

"오늘 이 자리는 한양에서 서당을 다니는 여러 학동들이, 한적한 우리 시골 서당에 며칠 간 묵으며 책을 읽고, 강의를 들으며 심신을 가다듬기 위해 마련되었습니다."

고음의 매미 울음소리가 학봉의 낭랑한 목소리와 다시 어울린다.

"우선 우리 서당의 퇴계 스승님과 학동들이 독서에 대해 거리낌 없이 얘기하는 시간을 갖고자 합니다. 학동들은 이참에 글을 읽으면서 가졌던 의문을 스승님께 여쭤보기 바랍니다."

모두 쭈뼛거리며 주변을 돌아보는 가운데, 어디선가 툭 불거지는 소리가 있다.

"할아버지! 책은 왜 읽어야 해요?"

왼쪽 맨 앞에 앉은 일고여덟 살 쯤 돼 보이는 조그만 학동이다. 박달나무로 깎은 듯이 단단하게 생겼다. 옆에 있던 학동이 옆구리를 찌르며 핀잔을 준다.

"야! 할아버지가 뭐냐? 훈장님이라고 해야지."

그러자 여기저기서 한마디씩 거든다.

"아냐! 여긴 시골이긴 하지만 다른 서당보단 크니까 원장님이라고 해야지. 도산 서원 원장님. 안 그러냐?"

"치! 저기 사회 보는 형이 스승님이라고 부르니까 우리도 스승님이라고 해야지 뭐."

내 호칭을 가지고 옥신각신하며 입씨름한다. 설왕설래가 따로 없으니 내가 나서야겠다.

"여러분은 서당에서 글을 가르치는 분을 뭐라 부르나요?"

"훈장님요!"

"그럼 나를 훈장님이라 부르면 되죠. 안 그래요?"

그러자 처음에 핀잔을 주던 학동이 으쓱하며 말한다.

"거봐. 내가 훈장님이라고 부르랬잖아. 험험."

그러나 처음 입을 열었던 학동은 주눅 들지 않고 다시 묻는다.

"그럼, 훈장님! 책은 왜 읽어야 해요?"

다시 자리가 소란해진다.

"어휴! 저런 바보. 책을 읽어야 과거 시험을 보지."

"그걸 말이라고 하냐? 양반이니까 그런 거지. 상것들이 책 읽는 거 봤냐?"

"서당에 가서 책을 안 읽으면, 넌 집에서 계집애들이랑 공기나 하고 놀래? 낄낄낄."

곁에 앉은 젊은 아버지도 학동을 툭 치며 무안해한다.

"어허, 아무리 어려도 그렇지, 그런 걸 여쭈면 어떻게 하니? 양반이라면 누구나 다 하는 일을 갖고. 원 창피해서."

이런 난감한 일이 어디 있단 말인가. 학동들은 그렇다 치더라도, 젊은 아버지가 아들에게 하는 말이 저러하다니. 벼슬을 위해 무조건 책을 달달 외워서 과거 시험만 잘 보면 되는 걸 가지고 왜 그런 쓸데없는 의문을 갖느냐는 식이다. 이리 치고 저리 치는 어린 학동이 안쓰럽다.

"학동의 이름이 뭔가요?"

"원입니다. 김원."

"그래 원이 학동은 요즘 무슨 책을 읽고 있나요?"

"《사자소학》을 읽고 있어요."

"그걸 읽으면서 무슨 생각을 하죠?"

그러자 학동이 고개를 젖힌 채 한참 동안 허공을 바라보며 생각에 잠긴다.

"나를 낳아 주신 부모님께 효도하고, 누나와 친구들과 사이좋게 지내야 한다는 생각을 했어요."

"원이 학동 생각대로라면 사람이 사람답게 사는 도리를 익히기 위해 책을 읽는 거네요. 안 그런가요?"

"그럼 훈장님도 제 나이 때 그런 생각을 가지고 책을 읽으셨어요?"

이 자리에서 제일 어려 보이지만, 당차기 그지없다. 감탄이 절로 난다.

"나는 열두 살 때 존함이 이자, 우자이신 숙부님께 《논어》를 배웠어요. 그런데 '집에서는 효도하고 밖에 나가서는 공손해야 한다.'는 구절을 보고 사람의 도리는 마땅히 이래야 한다고 생각했어요. 책을 왜 읽어야 하는지를 그때 비로소 알게 된 것이죠."

"……."

"그러던 어느 날이었어요. 다스릴 '이(理)'자를 보고 '모든 일의 올바른 것을 이라고 합니까?' 하고 여쭈었어요. 그러자 숙부님은 내가 글의 뜻을 안다고 하시며 칭찬을 해 주셨죠. 나는 사람의 올바른 도리를 배우기 위해 책을 읽는다고 생각한 거예요. 원이 학동보다 한참 늦은 거죠, 껄껄."

칭찬을 들은 학동이 머리를 긁는다. 해맑은 웃음이 입가에 번진다. 그 옆에 앉은 초롱초롱한 눈망울을 가진 학동이 고개를 끄덕이다 묻는다.

"그럼 훈장님은 언제 처음 책을 읽으셨어요?"

"아마 여섯 살 때였을 거예요. 이웃집 노인께《천자문》을 배웠죠. 그때는 어른께 공손해야 한다는 말씀을 듣고, 아침에 세수하고 머리를 빗은 뒤 찾아가 공손히 엎드려 절을 하고선 책을 읽었어요. 책을 왜 읽어야 하는지에 대해선 생각도 안했고요."

"전《천자문》을 서당에서 배웠고, 제 친구는 집에서 아버지께 배웠어요. 그런데 훈장님은 왜 이웃집 노인께 배우셨어요? 그리고《논어》는 왜 숙부님께 배우셨나요?"

생긴 것 못지않게 꽤 날카로운 눈을 지녔다. 남들이 그냥 지나치는 일을 콕 집어내는 안목이야말로 배우는 이가 지녀야 할 큰 덕목이 아니겠는가.

이 다음에 큰 학자가 될 재목이다.

"난 아버지 얼굴도 몰라요. 내가 태어난 지 일곱 달 만에 세상을 뜨셨거든요."

"아, 그래서……."

"난 네 형제 중 막내였는데, 우리 어머니는 농사와 길쌈으로 가난한 살림을 꾸려 나가시며 우릴 공부시켰어요. 아비 없는 자식이라 버릇없다는 소릴 들으면 안 된다고 하시면서."

학동들이 곁에 있는 제 아버지를 올려다보기도 하고, 도포 자락을 잡기도 한다. 아버지가 있다는 게 얼마나 행복한 일인가. 다른 아이들이 아버지와 함께 나들이하는 걸 볼 때마다 난 책을 펼쳐 들었다. 책 속에서 아버지의 따스한 손길을 느끼고, 엄한 목소리를 들을 수 있었기 때문이다. 아버지! 그 이름만 불러도 목이 멘다.

이때 뒤쪽에 앉은 덩치가 큰 학동이 고개를 갸우뚱하며 손을 든다.

"그럼 아버지가 안 계셔서 그렇게 가난했는데, 책은 어디서 났어요?"

"이자, 식자 쓰시는 우리 아버지는 책 읽는 걸 좋아하셨대요. 우리 어머니는 두 번째 부인이셨는데, 첫 번째 부인의 아버지가 예조 정랑을 지낸 김한철이란 분이셨어요. 그런데 그분이 돌아가시면서 사위인 우리 아버지께 책을 모두 물려주셨대요. 그러니까 우리 집은 무척 가난했지만, 책은 넘쳐났지요."

"우아, 우리 아버지는 책 많은 집이 진짜 부자라고 하셨는데. 그럼 훈장님 네는 우리보다 훨씬 부자였네요. 그쵸, 아버지?"

"그, 그, 그럼. 책이 많아야 부자지. 돈이야 뭐 아무것도 아니란다. 어험."

당황한 표정의 젊은 관리가 쓴 갓 안으로 은은히 비치는 풍잠이 옥

도포 조선 시대에 남자들이 예복으로 입던 웃옷.

정랑 고려 후기와 시대의 정오품 관직으로 예조 정랑은 예조에서 일하는 정랑을 말한다.

풍잠 망건의 앞이마에 다는 장식품. 쇠뿔, 대모, 금패 따위로 만들며 여기에 갓모자가 걸려서 바람이 불어도 뒤쪽으로 넘어가지 않는다.

인 듯하다. 젊은 나이에 망건의 앞이마를 옥으로 장식할 정도면 상당히 부유한 집안일 게다. 철없는 아들의 말에 당황하는 걸 보니 책보다는 재물에 더 마음을 두며 산 듯하다. 오른편에 앉은 학동이 손을 들까 말까 망설이자 아버지가 눈짓을 주어 격려한다.

"이런 거 여쭤보면 좀 창피하긴 한데……. 훈장님은 주로 어디서 책을 읽으셨어요?"

"창피하긴? 아주 훌륭한 질문인 걸요. 난 아무 데서나 책을 읽었어요. 시간이나 장소를 가리지 않고 읽었죠."

"그럼, 뒷간에서도요? 히히."

"뒷간 뿐인가요? 여러 사람들이 모여 있는 데서도 벽을 보고 앉아 책을 읽었는데요, 뭘."

"진짜요? 글이 눈에 들어오지도 않을 텐데요."

"집중하기 나름이죠. 난 열세 살 때와 열다섯 살 때에는 형과 사촌 자형을 따라 청량산에 가서 함께 독서했고, 열여섯 살 때에는 사촌 동생과 친구를 데리고 천등산 봉정사에 들어가 독서하기도 했어요. 지금 여러 학동들이 이 시골 서당에 내려온 것처럼 말이죠."

애기가 무르익을 때쯤 하인들이 식구 수대로 소반에 수박화채와 참외, 시루떡을 얹어 내온다. 더운 날, 시원한 음식을 보자 학동들이 환호한다. 시장기가 있던 어른들도 흐뭇한 미소로 소반을 맞이한다.

이때 어디선가 귀신처럼 음식 냄새를 맡고 나타난 누렁이가 꼬리

망건 상투를 틀 때 머리카락이 흘러내리지 않도록 머리에 두른 그물처럼 생긴 물건.

를 흔들며 낑낑댄다. 학동들이 자리를 박차고 일어나 마루로 몰려 저마다 누렁이를 불러 댄다. 그러자 하인들이 누렁이를 내쫓느라 빗자루를 들고 이리 뛰고 저리 뛴다. 그 뒤로 학봉이 손에 음식 부스러기를 들고 따라 뛴다. 미물인 개까지 배려하는 마음이 가상하다.

"한양에선 수박화채에 얼음을 띄워 먹었는데, 여긴 얼음이 없어요?"

먹성 좋게 생긴 학동이 수박을 한입 넣고 우물거리며 불평을 한다. 그래! 한양에선 이맘때쯤 임금님께서 관리들에게 빙표를 나눠 주셨지. 그럼 지난겨울에 한강에서 잘라 내 빙고에 저장해 두었던 얼음 맛을 보곤 했는데. 학동 아버지들은 이곳이 고향이니까 그러려니 하지만, 학동들이야 불편하기도 하겠지.

"한양에 있으면 시원한 얼음을 먹을 텐데, 시골에 와서 고생을 하니 어찌할꼬? 허허."

위로 삼아 한마디 건네자, 수박처럼 속이 꽉 찬 학동들이 오히려 나를 위로한다.

"한양에서 먹던 수박보다 시골 수박이 훨씬 더 달고 맛있는 걸요. 그치?"

"응. 미지근한 수박에 얼음 몇 개 떠 있는 것보다 훨씬 시원하네 뭐."

- 미물 인간에 비하여 보잘것없는 것이란 뜻으로 동물을 이르는 말.
- 빙표 여름에 더위를 이겨 내라고 벼슬아치들에게 준 얼음 배급표.
- 빙고 얼음을 넣어 두는 창고.

우물에 넣어 두었던 시원한 과일을 먹으니 이마에 맺히던 땀이 쏙 들어간다. 다시 자리가 정돈된다. 도산 서당 분위기에 익숙해진 학동들 표정이 한결 부드러워졌다. 툇돌 쪽에 앉은, 하얀 얼굴에 주근깨가 촘촘히 박힌 학동이 손을 든다.

"훈장님은 어떤 책을 주로 보셨어요?"

"학동만 할 때, 《자치통감》과 《십팔사략》 같은 역사책을 재미있게 읽었죠. 그 다음엔 사서오경을 보았고요."

"그건 선비들이라면 누구나 읽는 거잖아요. 그거 말고 훈장님께서 가장 인상 깊게 읽은 책 말이에요."

'아이쿠' 소리가 절로 배어 나온다. 학동들 수준에 맞게 그저 쉽게 대답했다가 허를 찔렸다. 꼼꼼하게 책을 읽으라고 제자들을 꾸짖던 내가 제자의 제자뻘 되는 학동에게 호되게 당한다. 한여름에 식은땀이 다 난다.

"어험! 음, 난 열아홉 살 때 《성리대전》의 첫 권인 《태극도설》을 구해 읽었어요. 난 그 책을 읽으면서 기쁨이 솟아나고 눈이 열리는 것 같은 느낌을 받았죠."

"어떤 책인데요?"

"중국 북송 때의 유학자인 주돈이가 쓴 책인데, 우주의 생성과 사람의 근원을 음양오행으로 설명한 책이에요. 좀 어렵긴 했는데, 주자의 설명을 통해 우주 만물의 뿌리를 안 듯해서 감격스러웠죠. 평생

음양오행 음양과 오행으로 세상이 이루어지고 움직인다는 동양의 철학.

공부할 방향을 알려 준 책이었어요."
"와, 너무 좋으셨겠다."
 주근깨가 난 학동이 부러운 듯이 감탄한다. 그렇다. 자신이 갈 길을 알려 주는 책을 만난다는 건 행운이다. 나에게는 그런 행운이 비교적 일찍 찾아왔다. 지금도 그 감격이 내 가슴속에 살아 있는 듯하다.
"나는 그 이듬해에 《주역》을 들고 용수사에 갔어요. 사서오경 중에서 가장 어렵다는 책이죠. 난 먹고 자는 것도 잊고 그 책을 읽고

또 읽었어요. 자나 깨나, 앉으나 서나 항상 그 책 내용만을 생각했고요."

조용히 앉아 듣기만 하던 열대여섯 살쯤 된 학동이 손을 들며 제법 의젓하게 묻는다.

"그래서 어떻게 됐습니까?"

"그걸 가르쳐 주는 스승이 없어서 이해하는 방법을 몰랐어요. 그래서 난 한 글자 한 글자 의심을 가지고 파고들어 다시 해석하는 방법으로 책을 읽었어요. 읽고 생각하고 묻고 이해하는 방법으로요. 결

국 내용을 환하게 깨닫게 됐죠. 그런데 그때 몸이 마르고 쇠약해지는 병에 걸리고 말았어요."

여기저기서 학동들의 안타까움 섞인 탄식이 터져 나온다.

"그거 봐, 내 그럴 줄 알았다니까."

"어쩐지, 너무 열심히 책만 본다 했어."

"아휴, 너무 심했다."

처음에 당차게 질문했던 어린 학동이 깜짝 놀란 표정으로 묻는다.

"그래서 어떻게 됐어요?"

"지금까지 그 후유증이 있어요. 여러 학동들은 나처럼 무작정 책을 읽어선 안돼요. 모르는 건 그냥 덮어 뒀다가 틈이 나면 다시 읽고, 다시 생각해야 해요. 마음을 괴롭힐 정도로 책을 읽지는 말아요."

"저도 어떤 때 책을 읽으면 머리가 막 아프거든요. 그럴 땐 어떻게 하나요?"

어린 학동이 말을 마치기 무섭게 다시 주변에서 핀잔이 빗발친다.

"야, 훈장님하고 너하고 같냐? 넌 꾀병이고."

"그 병 이름이 책 읽기 싫은 병이지, 아마. 헤헤헤."

학동의 아버지가 무안해 어쩔 줄 몰라 한다. 그러나 순박한 마음에서 나오는 솔직한 말이지 않은가.

"허허허. 그럴 땐 책을 놓고 밖에 나가서 노는 게 제일 좋은 방법이에요. 신나게 놀고 다시 책을 잡으면 더 집중할 수 있거든요."

활짝 웃는 어린 학동의 표정이 앙증맞다. 다시 의젓한 학동이 나선다.

"그럼 훈장님은 이 안동에서만 공부하셨나요?"

"그렇지 않아요. 스물세 살 때 한양에 올라가 성균관에서 유학한 적이 있죠."

모두 '그럼 그렇지' 하는 표정이다. 그러나 내가 성균관에서 공부한 건 몇 달이 채 되지 않는다. 공부만을 생각하던 난 그렇지 않은 다른 학도들과 어울리기 힘들었기 때문이다.

"그럼 그때 어떤 책을 읽으셨나요?"

"난 내가 묵던 집에서 《심경부주》란 책을 보고는 내가 갖고 있던 종이와 바꾸었어요. 너무 어려워서 여러 번 읽은 후에야 내용을 이해할 수 있었죠. 그러나 가장 기억에 남는 건 역시 《주자전서》예요."

"왜 그렇죠?"

"오늘처럼 더운 여름이었어요. 난 그 책을 구하자마자 방문을 굳게 닫고 그 책을 읽고 또 읽었거든요."

학동들이 모두 땀을 훔치며 놀란다. 이때 먹성 좋게 생긴 학동이 불쑥 나선다.

"어휴, 이렇게 더운 날 방문을 닫으면 땀띠가 날 텐데요?"

"땀띠가 나긴 했죠. 허허허. 그러던 어느 날 친구가 찾아왔어요. 더운 날 이러고 있으면 병이 날 테니 계곡에 놀러 가자고 하면서."

"히히. 친구랑 놀러 가셨구나, 그렇죠?"

"아뇨. 난 그때 놀러 갈 필요가 없었어요. 그 책을 보면서 그간 모르고 있던 진리를 깨닫는 기쁨에 폭 빠져 있었거든요. 그러니 땀이 흐르고 땀띠가 났지만, 정신은 상쾌해지고 가슴속에서는 신바람이 일었어요."

초롱초롱한 눈망울을 한 학동이 손을 들며 묻는다.

"그럼 훈장님의 스승님은 누구신가요?"

참으로 어려운 질문이다. 오늘의 내가 있게 해 주신 스승님이라.

"난 서당에 별로 다니지도 않았고, 성균관에도 잠시 다녀서 크게 기억에 남는 훈장님이 없어요. 물론 우리 숙부님이 계시기는 하지만, 그것도 잠시였죠. 일생의 스승님은 누가 뭐래도 주자시죠."

"왜 그런가요?"

"내 학문의 방향을 일러준《태극도설》과《주자전서》에서 주자를 만났으니까요. 내가 살아가야 할 길을 알려 준 분이죠. 난 만물은 이와 기로 이루어져 있다는 이기 이원론을 주장하는데, 이것도 사실은 그분으로부터 배운 거예요."

바람이 간간이 불긴 하지만, 더운 여름날이다. 학봉이 일어서서 이 자리를 마쳐야겠다고 알린다. 가장 나이든 아버지가 일어서며 옷매무새를 고친다. 어느 집 자손인지 가물가물하다. 내가 벼슬을 하느라 고향을 떠나 있을 때 나서 자란 이일 것이다.

"스승님! 저희와 아이들을 위해 이렇게 귀한 시간을 내주셔서 감사합니다. 오늘 많이 배우고 갑니다. 끝으로 책을 어떻게 읽어야 하는지 일러 주시면 평생의 보배로 간직하겠습니다."

"그것 참 어려운 주문이구려. 굳이 내 방법을 얘기하자면, 책을 읽을 땐 자세를 바르게 하고 앉아서 정성을 쏟아야 해요. 그러고는 그 속에 담겨 있는 참된 뜻을 완전히 깨우칠 때까지 정교하고 치밀하게 되풀이해서 읽어야 하죠. 그래야만 그 글이 자기 몸에 배고 마음속에 길이 남게 되거든요. 그때 옛 성인을 본받아 올바르게 살 수 있게 된답니다. 마지막으로 여러 학동들은 며칠 간 이 자연 속에서 여러분만의 독서 체험을 했으면 해요."

"네! 훈장님."

학동들의 우렁찬 목소리가 도산 서당을 가득 채운다. 은행나무에서 울려 퍼지는 매미 울음소리가 유난히 맑고 청량하다.

퇴계 이황
책으로 마음을 다스려 맑은 마음을 갖다

 퇴계 이황은 1501년 11월 25일 예안현 온계리(지금의 경상북도 안동시 도산면 퇴계리)에서 진사 이식과 둘째 부인인 박씨 사이에서 태어났다. 첫째 부인인 김씨는 2남 1녀를 낳은 뒤 사망했고, 박씨는 서린(일찍 죽음), 의, 해, 증, 황의 5형제를 낳았는데 이황이 그 막내다. 아버지는 이황이 태어난 이듬해 6월에 40세의 나이로 세상을 떠나, 이황은 홀어머니 밑에서 가난하게 자랐다.

 21살에 진사 허찬의 딸과 결혼했다. 그러나 가정생활은 평탄치 않았다. 27살 때 허씨 부인이 세상을 뜨고, 30살에 권씨 부인과 재혼했으나 46살 때 그 부인마저 세상을 떠났다. 또한 단양 군수로 나가던 48살 때에는 둘째 아들인 이채까지 죽는 아픔을 겪었다.

 23살에 성균관에 잠시 유학했고, 27살에 경상도 향시에 응시하여 진사시와 생원시에 모두 합격했다. 28살에 진사 회시에 합격하고, 32살에 문과 별시 초시에 합격했으며, 34살에 식년문과에 을과로 급제하여 벼슬을 시작했다. 49살에 풍기 군수를 사직하고 귀향해 독서와 교육에 전념했다. 벼슬에서 물러난 후에도 조정에서 성균관 대사성, 홍문관과 예문관의 대제학, 공조판서, 예조판서, 의정부 우찬성, 판중추부사 등의 높은 관직을 내렸다. 그러나 그는 거듭 이를 거절하는 상소를 올렸으며, 마지못해 관직에 나갔다가도 곧 물러났다.

 당시 명종의 외척들이 권력을 독점하여 정국이 매우 혼란했다. 그는 이런 상황 속에서 학문을 통해 사람의 올바른 도리를 밝히고, 이를 후손

들에게 가르치고자 했다. 1550년에 고향 마을인 퇴계의 서쪽에 거처를 정하고 한서암을 지었다. 1560년에는 〈도산 서당〉을 지어 학문을 연구하고 후손을 가르치는 일에 전념했다. 그는 나라에서 주관하는 향교와 국학은 제도와 규정에 얽매이고, 과거 시험에만 힘쓰기 때문에 올바른 학문을 할 수 없다고 여겼다. 심지어 과거 시험을 위한 개인 서당이 우후죽순처럼 생기기까지 했다. 그의 손자까지 영주에 있는 개인 서당에 다니는 것을 보고, '곁에 있는 단 복숭아는 거들떠보지도 않고, 쓴 돌배를 찾아 온 산천을 헤매는구나.'라는 시를 지어 자식과 손자의 마음을 돌려놓았을 정도였다. 그는 출세나 명예를 위해서가 아니라, 순수하게 마음을 갈고 닦는 학문을 하기 위해 〈도산 서당〉을 세웠던 것이다. 이 서당에 왔던 학도들 중 과거 시험과 상관없는 학문을 가르치는 것을 보고 돌아간 경우도 많았다고 한다.

   그의 중요한 저술은 주로 50대 이후에 이루어졌다. 천명도설(1553년)과 천명도설후서(1553년), 기대승(1527년~1572년)과의 7년에 걸친 사단칠정논변(1559년~1566년), 주자서절요(1556년), 자성록(1558년), 전습록논변(1566년), 무진육조소(1568년), 성학십도(1568년) 등 한국유학사상사에서 중요한 저술들을 남겼다. 그는 이기 이원론의 이론을 가지고 조선시대 성리학의 틀을 세우는 데 결정적인 역할을 했다.

   1570년 12월 8일에 제자들이 보는 가운데 세상을 떠났다. 1575년 서당 뒤에 서원을 짓자, 선조가 〈도산 서원〉이라는 글씨를 내렸다.

퇴계 이황 훈장님이 즐겨 읽은 책

자치통감

중국 북송 때의 사마광(1019년~1086년)이 황제의 명으로 영종 때인 1065년에 착수하여 신종 때인 1084년에 완성한 편년체의 중국 역사책이다. 신종은 지난 일을 거울삼아 세상을 다스렸다는 의미에서 《자치통감》이라는 이름을 붙였다. 줄여서 《통감》이라고도 한다. 전국 시대 주나라 위열왕 때인 기원전 403년부터 후주의 세종 때인 서기 959년에 이르는 1362년 간의 역사를 편찬한 것으로, 모두 294권으로 되어있다.

태극도설

중국 북송 때의 유학자인 주돈이(1017년~1073년)가 우주의 생성과 인류의 근원을 그림으로 그려 설명한 책이다. 249글자의 짧은 글이지만, 남송 때의 주자가 해석을 붙여서 주자학의 경전으로 여겨지고 있다. 태극도는 순서에 따라 태극, 음양, 오행, 남녀, 만물로 전개된다고 한다. 태극은 음양의 두 기운으로 나뉘고, 여기서 다시 수·화·목·금·토의 오행이 생겨난다. 이어서 이들이 다양하게 결합하여 건도는 남자를 낳고, 곤도는 여자를 낳는다. 이런 남성적인 것과 여성적인 것의 만남에서 만물이 생겨나 끝없이 변화한다. 따라서 만물은 헤아릴 수 없지만, 그 근본을 캐면 결국 음양으로, 그리고 다시 태극으로 돌아간다는 설이다. 이어 그는 인간만이 가장 우수한 존재이기 때문에, 어질고 의로운 도를 지키고 마음을 성실하게 하여 성인이 되어야 한다는 도덕과 윤리를 강조했다. 그 뒤 주자는 태극과 음양오행을 각각 이와 기로 해석했다. 이황의 이기 이원론도 이 책에 바탕을 두고 있다.

십팔사략

중국의 남송 말에서 원나라 초에 걸쳐 활약했던 증선지가 편찬한 중국의 역사책이다. 원래의 제목은 《고금역대 십팔사략》이다. 《사기》에서 시작하여 《신오대사》에 이르는 17종의 역사책과 송나라 때의 《속송편년자치통감》과 《속송중흥편년자치통감》 등을 더하여 정사로 꼽히는 18종의 역사책을 간추려 편집한 것이다. 초학자를 위한 초보적 역사 교과서로 원래는 2권이었으나, 명나라 초기에 진은이 음과 해석을 달아 7권으로 하고, 유염이 주를 보충하여 간행했다.

주자전서

중국 남송 때의 성리학자인 주희(1130년~1200년)의 글을 모아 편찬한 문집이다. 주자라 불리는 주희는 우주가 '이(理)'와 '기(氣)'로 이루어져 있다고 보았다. 인간의 본성은 본질적으로 지극히 순수하고 선한 '이'인데, 불순한 '기' 때문에 악하게 되며, 사물의 이치를 밝히는 '격물'로써 악을 없앨 수 있다고 했다. 그는 《대학》과 《중용》에 대한 주석서를 편찬해서 《논어》, 《맹자》와 함께 유학의 경전인 4서에 들어가게 했다. 주요 저서로는 《사서장구집주》, 《주역본의》, 《서명해》, 《태극도설해》, 《시집전》, 《초사집주》 등이 있고, 그가 사망한 후에 편찬된 《주문공문집》, 《주자어류》 등이 있다. 《주자전서》가 우리나라에 소개된 것은 고려 때였다. 제25대 충렬왕 때 안향(1243년~1306년)이 왕을 따라 중국 연경에 다녀오면서 들여왔다. 그 뒤 안향은 왕에게 건의하여 국학을 세우고 대성전을 세워 공자를 모시는 등 유교 부흥에 힘썼다. 이로 인해 안향은 주자학의 시조로 일컬어진다. 이황 역시 이 책을 통해 조선 성리학의 기틀을 세웠다.

서당 못 다니는 아이와 서경덕

책을 통해 사물의 이치를 배우다

'찌르찌찌 찌르르 쪼쪼쪼.'

1544년 춘삼월. 종달새 지저귀는 소리가 훈훈한 봄기운을 타고 낭랑하게 흐른다. 내가 기거하는 소박하고 아담한 화담 서재에도 어김없이 봄이 찾아왔다.

오관산 전체가 화사한 꽃과 어여쁜 나비들로 뒤덮였다. 꽃이 있으니 나비가 찾아들고, 나비가 드니 열매를 맺는 게 아닌가. 온 세상이 하나의 기운으로 덮여 하나로 녹아드는 듯하다.

이런 화창한 날 산책하는 건 그야말로 하늘이 내려 주신 축복이다. 꽃과 풀과 나무에 취해 걷다 너무 많이 내려온 모양이다.

산 아래 자그마한 마을이 코앞에 닿는다. 연두색 이파리가 한창 피기 시작하는 우람한 느티나무가 마을을 듬직하게 지키고 있다. 그런데 저 나무 밑에 홀로 쪼그려 앉은 아이는 누굴까.

"흠, 흠!"

인기척에 아이가 힐끗 쳐다보고는 고개만 까딱하고 돌아앉는다. 예를 갖추는 걸 보니 양반집 자손인 듯하다. 눈에 넣어도 아프지 않을 내 손자, 우신이 또래쯤으로 보인다.

아이는 다시 고개를 깊이 숙이곤 땅바닥에 뭔가를 열심히 그리고 있다. 먼 발치에서 봐도 종달새가 틀림없다.

"잘 그리는구나."

"……."

"머리가 작고 꽁지가 긴 게 종달새로구나. 종달새 좋아하니?"

"……."

아이의 가슴속에 뭔가 큰 응어리가 있는 모양이다. 이 늙은이가 호들갑을 떨어서라도 녀석의 마음을 좀 풀어 봐야겠다.

"하, 이 녀석은 뒷발가락에 난 긴 발톱이 일품이지. 머리에 솟은 저 길고 더부룩한 둥근 관모는 어떻고?"

"……."

"아, 그 녀석, 힘도 좋지. 일 년에 두 번씩이나 번식하는데, 보리밭 같은 데 접시 모양으로 둥지를 틀고 세 개에서 여섯 개나 되는 알을 낳지 뭐냐. 또 성미는 어떻고? 그 녀석 급한 건 아마 둘째가라면 서러워할 정도지. 뭐가 그리 급한지, 글쎄 어미가 알을 품으면 열하루나 열이틀이 지나면 눈도 못 뜨고 털도 안 난 녀석이 우지끈 알을 깨고 나오고, 또 열흘이 지나면 제대로 날지도 못하는 녀석이 푸드득 둥지를 떠나 버리니 말이다. 이렇게 조급한 녀석이 또 어디 있겠니?"

"……."

"옛날에 어떤 성미 급한 신랑이 첫날밤을 지내고 난 다음 날 아침에 신부에게 왜 아이를 안 낳느냐고 닦달했다더니, 이 종달새란 녀석이 꼭 그 짝 아니냐? 이 녀석은 아마 우물에 가서 쌀 씻는 아낙네 보고 '아주머니, 숭늉 좀 주세요.' 하고 부리를 들이밀 게다. 안 그러니?"

"푸, 푸, 푸 후후후."

잠자코 이야기를 듣고 있던 녀석이 기어코 참던 웃음을 터뜨리고

관모 새의 머리에 길고 더부룩하게 난 털.

만다.

"할아버진 누구신데, 종달이에 대해 그렇게 많이 아세요?"

"글쎄다. 자연을 보고 다니면서 그게 왜 그런지 생각하고 사는 그냥 그런 늙은이란다. 사람들은 내가 저 산 위에 있는 꽃 연못 근처에 산다고 화담 영감이라고 부르지. 허허. 그런데 넌 보아하니 양반집 자손인 듯하구나. 그런데, 지금 시간에 서당에 안 가고 여기서 뭐 하고 있는 거니?"

금세 아이의 얼굴이 다시 어두워지고, 어깨가 축 늘어진다.

"전 열세 살이나 됐는데, 집이 가난해서 서당에 다닐 수 없어요. 그래서 매일 여기 와서 종달이랑 진달래랑 초가집 같은 걸 그리고 놀아요."

"그럼 친구들이랑 놀면 되지 않니?"

"부모님께서는 양반이 상것과 어울리면 안 된다고 하셔서……."

"그랬구나. 그렇다고 이렇게 맥이 빠져 있으면 되겠니?"

내 어릴 적 이야기가 이 아이에게 힘이 될지도 모르겠다. 책이 없었다면 지날 수 없었던 배고프고 힘들었던 과거를, 그러나 아름다웠던 시절 이야기를 들려줘야겠다.

"네 나이 때, 우리 집은 무척 가난했단다. 우리 아버지는 양반이지만, 가족들을 먹여 살리기 위해서 남의 땅을 빌려 농사를 지으셨어. 그러나 항상 먹을 게 부족했지."

아이가 고개를 들어 나를 의심쩍은 눈으로 바라본다. 설마 하는 눈치다.

"봄이면 쑥이나 씀바귀, 냉이를 캐다 죽을 끓여 먹고, 여름이 되면 느릅나무나 소나무 속껍질을 벗겨다 삶아 먹었지. 그리고 가을에는 도토리를 주워다 묵을 쑤어 먹고, 이것저것 없는 겨울에는 솔잎을 따다 쪄서 말린 가루로 죽을 끓여 먹었단다."

"치! 거짓말. 날 위로하려고 그러시는 거 다 알아요."

"거짓말인지 아닌지는 더 들어 보면 알지. 솔잎은 물기를 없애기 때문에 반드시 콩가루를 섞어서 죽을 끓여야 했단다. 그런데 그것도 없을 땐 솔잎 가루만 가지고 죽을 쑤어 먹었지. 그럼 여지없이 변비가 생겼어. 뒷간에 가는 게 무서울 정도였지. 똥구멍 찢어지게 가난하다는 말이 그래서 생긴 거란다."

"……."

"그런 형편이니 서당에 다니는 건 꿈도 못 꿨지 뭐냐. 아침에 일어나면 소쿠리 들고 산으로 들로 나물 캐러 다니는 게 일이었으니까."

아이의 눈에 그렁그렁하게 눈물방울이 맺힌다. 자기의 처지와 비슷하게 느낀 모양이다. 나도 그때 일을 생각하면 지금도 목이 멘다.

"그러던 어느 날이었어. 아마 일곱 살 때였을 거야. 들판에서 종달새 새끼가 나는 걸 보게 됐지 뭐냐? 아, 그런데 고 녀석이 나는 게 하루 이틀 사흘 조금씩 달라지는 거야. 그래 그걸 관찰하느라 며칠 동안 나물을 거의 캐지 못하고 집에 들어갔단다."

"그럼 꾸지람을 들으셨겠네요?"

"웬걸? 그 얘길 들은 우리 어머니께서 나를 공부시켜야겠다고 우기셔서 그날부터 아버지께 《천자문》을 배우기 시작했지."

"와. 참 잘 됐네요. 저도 아버지께 《천자문》을 배웠는데."

멀찍이 쪼그려 앉아 있던 아이가 내 옆으로 슬며시 다가와 앉는다. 실망과 슬픔에 차 있던 눈이 어느새 말똥말똥해졌다.

"난 그때부터 혼자 책을 읽기 시작했단다. 모르는 건 아버지께 여쥐보면서 열세 살 때까지《유합》,《계몽편》,《명심보감》,《십팔사략》,《자치통감》,《소학》 같은 책들을 읽었지."

"와! 혼자서요?"

"암."

"서당에 다니지도 않고요?"

"아무렴."

"훈장님도 없이 어떻게 그 책들의 뜻을 아셨어요?"

"아버지도 계셨지만, 주변에 있는 모든 게 다 스승이었으니까."

아이가 고개를 갸우뚱한다. 하긴 나처럼 책을 읽고 공부한 사람도 드물 것이다.

"난 책을 읽으면서 사물의 이치를 곰곰이 생각했단다. 하늘은 왜 하늘이고, 땅은 왜 땅인지. 그리고 남자는 왜 남자이고, 여자는 왜 여자인지를 궁리했지."

"그럼 책을 빨리 읽지 못할 텐데요?"

"속도가 중요한 게 아니고, 책을 읽으면서 사물의 근원을 깊이 생각하고 그 이유를 깨닫는 게 중요하거든. 종달새는 어떻게 저리 날 수 있는지, 바람은 왜 부는지, 그리고 온천은 왜 뜨거운지를. 난 궁금한 건 참을 수 없었거든."

아이가 존경스러운 눈초리로 날 올려보며 묻는다.

"그럼 서당에는 전혀 안 다니셨어요?"

"내가 이런 책들을 혼자 읽으며 낑낑대고 궁리하니까 우리 부모님께서는 어떻게든 날 서당에 보내려고 하셨지. 그런데 그때는 바른 말하는 선비들을 싫어하던 연산군이 임금으로 있던 시절인데, 마침 무오사화가 터져서 선비들이 큰 수난을 당하던 때였어. 많은 선비들이 죽임을 당하거나 쫓겨나서 훈장 구하기가 하늘의 별 따기였지."

"그럼 아예 서당엔 못 다니셨겠네요 뭐."

"아니. 그때 내가 열네 살이었는데, 마침 우리 집 근처에 황첨지라는 선비가 사서서 그분께 《서경》을 배우게 됐단다."

아이는 마치 자기가 서당에 가게 되었다는 듯이 표정이 환하게 밝아진다. 이제는 내 팔을 잡고 묻는다.

"야! 드디어 훈장님을 만나셨네요. 헤헤."

"그래, 허허허. 그런데 기쁨도 잠시였단다."

"왜요? 수업료를 못 냈나요?"

"하루는 《서경》의 〈요전편〉을 읽다가 '일 년은 삼백육십육 일이니 윤달로써 사시를 정해 한 해를 이룬다.'는 말이 나왔어. 그래 그 뜻을 여쭈었더니 '이 구절을 아는 사람은 거의 없다.'고 하시면서 그냥 넘어가지 않겠니?"

"그래서요?"

"그래 그 다음 날부터 서당에 가지 않고 보름 동안 집에서 그 구절을 수천 번 읽고 또 읽었지."

"설마, 그 뜻을 알아낸 건 아니죠?"

무오사화 조선 연산군 4년(1498년)에 유자광 중심의 훈구파가 김종직 중심의 사림파에 대해서 일으킨 사화. 4대 사화 가운데 첫 번째 사화로 《성종실록》에 실린 사초 〈조의제문〉을 트집 잡아 이미 죽은 김종직의 관을 파헤쳐 그 목을 베고, 김일손을 비롯한 많은 선비들을 죽이고 귀양 보냈다.

"웬걸? 알아냈지."

순간 아이의 입이 떡 벌어진다. 말도 안 된다는 표정을 짓는 아이가 깜찍하다.

"그게 무슨 뜻인데요?"

"조금 복잡하긴 한데, 들어보겠니? 일 년은 양력으로 지구가 태양을 한 바퀴 도는 시간인데, 365.2422일이 걸린단다. 또한 한 달은 음력으로 달이 지구를 한 바퀴 도는 시간인데, 29.5306일이 걸리지. 이렇게 계산하면 음력 열두 달은 354.3672일이고, 양력 일 년보다 10.875일이 짧게 돼. 그러니까 일 년이면 양력과 음력의 차이가 거의 11일이 생겨서 삼 년쯤 지나면 음력이 양력보다 한 달이나 적게 되지. 그래서 보통 이삼 년마다 음력에 한 달을 더 넣어 열세 달을 만드는 거야. 이렇게 만든 달이 바로 윤달이란다."

"우와. 그렇게 복잡한 걸 혼자 생각해서 알아내셨단 말이에요? 할아버진 천재가 틀림없어요."

긴가민가하면서도 내가 알아냈다는 게 그저 신기한 모양이다.

"천재가 아니라 책을 읽다가 의문이 나고 궁금한 걸 그냥 지나치지 않고, 온 정신을 집중해서 끊임없이 궁리했을 뿐이야."

"휴! 전 일 년 동안 그 글을 읽고 또 읽는다 해도 무슨 말인지 몰랐을 거예요. 전 지금도 헷갈리는데요."

"그렇지 않단다. 중국에 혼자 책을 읽어서 큰 학문을 쌓은 동우란 분이 있었단다. 그분은 하도 사람들이 찾아와 가르침을 달라고 하자 '독서백편의자현(讀書百遍意自見)'이라 하며 돌려보냈어."

"그게 무슨 말이에요?"

"책을 백 번 읽으면 뜻이 저절로 드러나게 된다는 뜻이란다. 여러 책을 두루 보는 것보다도 하나의 책을 되풀이해서 정독하는 게 좋다는 거지."

아이가 골똘히 생각에 잠긴다. 그러더니 불현듯 묻는다.

"그럼 할아버진 그때부터 쭉 혼자 책을 읽으셨어요?"

"그렇단다."

"그럼 어떤 책이 가장 기억에 남으세요?"

"아이쿠, 그거 참 어려운 질문이로구나. 음. 뭐니 뭐니 해도 열여덟 살 때 읽은 《대학》이겠구나. 그 가운데 모든 사물의 이치를 끝까지 파고 들어가면 앎에 이른다는 격물치지를 내 공부의 으뜸으로 삼았으니 말이다."

"그건 할아버지가 어릴 때부터 하던 방법 아닌가요?"

핵심을 찌르는 말에 나도 모르게 흠칫한다. 손자뻘 되는 어린아이라고 얕보다가는 큰코다치겠다.

"허어, 그걸 알아내다니. 넌 조금만 배우면 금세 깨우치겠구나."

"치! 절 놀리시는 거죠?"

"아니다. 넌 소질이 있어. 나와 얘기하면서 뿌리가 되는 대목을 정확히 집어내지 않았니?"

"정말 저도 책을 읽으면 할아버지처럼 될 수 있어요?"

격물치지 실제 사물의 이치를 연구하여 지식을 완전하게 함.

"그렇다마다."

"야호!"

좋아서 폴짝폴짝 뛰는 게 사슴이 따로 없구나. 때묻지 않은 맑은 눈빛을 가진 사슴. 순진무구한 소년의 환호가 느티나무 줄기를 타고, 가지를 타고, 오관산을 넘어 온 세상에 퍼지는 듯하다. 기뻐하던 아이가 숨을 고르더니 질문을 툭 던진다.

"그런데 격물치지하면 뭐가 좋아요?"

갈수록 어려운 질문을 한다. 조금만 가르치면 큰 인물이 될 자질이 있다. 이런 아이가 가난 때문에 배우지 못하고 실의에 빠져 있다니.

"《대학》은 수양하는 방법을 알려주는 책이란다. 격물·치지 다음엔 성의·정심·수신·제가·치국·평천하 순서로 발전하지. 격물치지는 모든 공부의 기본이 되는 것은 물론 그 다음엔 참되게 정성을 다하고, 마음을 올바르게 하며, 자신을 닦아 집안을 다스리고, 또 나아가 나라를 다스리며 온 천하를 평정하는 거야. 따라서 큰일을 하거나 세상을 바꾸기 위해 무언가 하고자 한다면 우선 격물치지가 돼야겠지."

"그럼 사물의 이치를 궁리해서 근원을 알고자 하는 마음만 있으면 안 될 일이 없겠네요? 마을을 다스리는 사또도 될 수 있고, 임금님을 모시는 영의정도 될 수 있고요. 생각만 해도 멋져요. 헤헤."

"높은 벼슬을 하고 싶니?"

아이가 이상하다는 눈빛으로 바라본다. 그도 그럴 것이 지금의 선비들이 책을 읽는 이유가 과거에 급제하여 높은 벼슬에 올라 많은 녹봉을 받는 데 있으니 그럴 만도 하다.

"책은 모르는 것을 알려주고, 세상의 이치를 탐구하는 데 도움이 된단다. 그러므로 책을 많이 읽고 깊이 생각하면 세상을 다스릴 힘도 얻을 수 있지."

"그럼 어떻게 해야 격물치지를 제대로 하죠?"

아이가 이제 내 말 뜻을 제대로 깨달은 듯하다.

"난 책을 읽을 때 모르는 게 나오면 그 뜻을 알 때까지 그 글자를 벽에 붙여 놓고 무릎을 꿇고 궁리했단다. 온 정신을 집중해 그것만 생각했지."

"밥 먹을 때도요?"

"밥을 먹어도 맛을 몰랐고, 잠도 제대로 못 잤어. 또 뒷간에 가서도 그걸 생각하느라 나중에는 다리가 저려 일어나지 못할 때도 많았지. 어떤 때는 꿈속에서 그걸 생각하고 헤매며 다니기도 했단다."

"아휴, 그럼 꼴이 말이 아니었을 텐데요."

"그건 네 말이 맞다. 난 그렇게 공부를 한 지 삼 년 만에 결국 허약해지는 병에 걸리고 말았어. 가르쳐 주는 스승이 없어서 지나치게 헛된 힘을 썼기 때문이지."

아이가 안됐다는 표정을 지으며 내 팔을 잡으며 기댄다. 이런 마음을 가진 아이가 배울 기회를 갖는다면 어려움을 겪는 많은 사람들을 포근히 감싸 구할 수 있을 것이다.

녹봉 벼슬아치들에게 일 년, 또는 계절 단위로 나누어 주던 금품을 통틀어 이르는 말.

"그래서 다음부턴 책을 안 읽었나요?"

"책을 내려놓고 전국을 유람했지. 온 나라를 돌며 마음을 달래고 건강을 되찾았단다. 지금도 책을 읽으며 궁리하다가 잘 풀리지 않을 때는 오늘처럼 산책을 하곤 하지."

"그 후론 어떤 책들을 읽으셨는데요?"

지칠 때도 됐는데, 아이의 호기심이 가라앉지 않는다. 그동안 앎에 대한 갈망이 컸던 것이리라.

"《예기》와 《춘추》와 《주역》 같은 책들을 읽었지. 그중에서도 중국 북송시대의 학자인 소옹이 쓴 《황극경세서》란 책을 읽는 데 애를 먹었단다."

"그렇게 어려웠어요?"

"그랬단다. 그 책은 12권으로 되어 있는데, 《주역》의 이론을 이용해 수리로써 천지만물이 생성하고 변화하는 걸 관찰하고 설명해서 무척 어려웠어. 그래도 난 그 책을 읽고 또 읽어서 마침내 그 뜻을 알아냈단다."

"우와! 할아버진 정말 대단하세요. 그 다음은요?"

"그 책을 사람들이 읽기 쉽도록 주를 붙여 설명한 《황극경세서해》라는 책을 지었단다."

아이가 거의 쓰러질 듯이 놀란다. 아이에게 꿈과 용기를 주기 위해 꺼낸 말이 내 자랑이 된 셈이니 참 쑥스럽게 됐다. 그러나 이왕 나온 김에 하나만 더 얘기해야겠다.

"난 우리 주변을 가득 채우고 있는 기운이 모든 사물의 근원이라 생각하고 있단다. 그래서 온 세상이 만들어지고 변화하는 이치를 궁리해 왔지. 그런데 많은 선비들은 책을 읽으면서 그 글자에만 매달려서 자연의 이치에는 관심이 없어. 그거야말로 아무 의미 없는 뜬 구름 같은 독선데 말이다. 난 네가 종달새를 그리고, 진달래꽃과 초가집을 그리는 것이 마음에 든단다. 넌 자연의 이치를 궁리할 준비가 되어 있으니 말이다."

"그럼 저도 할아버지처럼 될 수 있나요?"

"벼슬도 없고, 옷도 멋지게 입지 않은 나 같은 시골 늙은이가 되면 어쩌려고?"

"그래도 멋진걸요."

"사실 나도 나라에서 벼슬을 줄 테니 산에서 나오라는 말을 여러 번 들었단다. 그러나 나는 자연 속에서 세상의 이치를 깨달아 가는 이 생활이 좋아. 요즘은 《성리대전》을 다시 읽으면서 그동안 내가 격물치지하여 터득한 것과 비교하면서 내 생각이 맞는지 증명하며 지낸단다. 내가 궁리해서 안 것과 책의 내용이 같을 때의 기쁨은 누구도 모르는 거거든. 허허."

아이가 무언가를 기다리고 있다. 간절한 아이의 눈이 그것을 말하고 있다.

"그리고 또 한 가지 하고 싶은 일이 있지. 나는 어려서부터 너무 힘들게 공부했기 때문에 스승이 없어 제대로 배우지 못하는 사람들을 도와주고 싶단다. 오늘 집에 가서 부모님께 말씀드리고 내일부터 내가 기거하는 화담 서재에 오거라."

"저, 정말요? 저 같이 아무것도 배운 게 없는 아이도 할아버지, 아니 훈장님께 배울 수 있어요?"

"암. 배울 수 있다마다."

"돈도 없는데……."

"이 늙은이는 돈이 필요 없는 사람이니 아무 걱정 말고 그냥 오렴. 와서 책을 읽으면서 나와 함께 우주의 비밀을 밝혀 보도록 하자. 허허허."

"고맙습니다. 감사합니다. 할아버지, 아니 훈장님. 헤헤헤."

향긋한 꽃향기가 천지를 뒤덮고 있다. 이러한 훈훈한 기운이 온 세상을 평화와 안녕의 세계로 이끌 수 있다면 얼마나 좋을까. 이 아이가 이 기운을 받아 그 막중한 일을 해낼 수도 있으리라. 높이 뜬 종달새 한 쌍이 창공을 가른다.

화담 서경덕
책을 통해 아름다운 세상과 소통하다

　1489년 2월 17일 개성 화정리에서 아버지 서호번과 어머니 한씨 사이에 태어났다. 양반 집안에서 태어났으나, 아버지까지 몇 대째 이렇다 할 벼슬자리에 나가지 못해 가난하게 살았다. 남의 집 땅을 빌려 소작을 하여 먹을 정도로 집안이 어려워 스승 없이 홀로 책을 읽으며 공부했다.

　1519년 중앙과 지방에서 천거한 120명이 임금님 앞에서 시험을 치르는 현량과에 으뜸으로 추천되었으나, 사양하고 나가지 않았다. 1531년 어머니의 소원을 풀어 주기 위해 과거에 응시하여 생원시에 합격했다. 1540년 대제학 김안국에 의해 산천에 기거하는 높은 뜻을 지닌 선비라는 '유일지사'로 천거되었으나 벼슬길에 나가지 않았다. 그 후 1544년에 다시 김안국 등의 추천으로 후릉참봉이라는 벼슬이 내려졌으나, 역시 부임하지 않았다.

　그는 평생 관직에 나가지 않고, 책을 읽고 사물의 이치를 궁리하는 데에만 힘썼다. 19살에 태안 이씨와 결혼했으나, 주로 산속에 숨어 지내면서 제자들을 키웠다. 조식, 성운 등 당대의 처사들과 지리산, 속리산 등지를 유람하면서 친분을 나누었다. 궁리와 격물치지를 중시했으며, 주돈이·소옹·장재 등 북송 성리학자들의 학문에 많은 관심을 보였다.

　1544년에 중종이 승하하자 석 달 동안 상복을 입고 지냈으며, 그해 겨울에 〈원리설〉, 〈이기설〉, 〈태허설〉, 〈귀신사생론〉 등 4편의 글을 남겼다. 그는 '이(理)'보다는 '기(氣)'를 중시하는 주기철학의 선구자였다. 자연 속에 보이는 많은 수학적 질서에 주목하여 그 신비로운 비밀을 풀어

내 보려고 힘썼다. 우주의 생성과 그 변화가 모두 수학적 질서로 설명될 수 있다고 믿고 그 이치를 알아내려고 힘썼던 것이다. 해와 달, 별들의 운동을 기본으로 한 원, 회, 운, 세의 4가지 기본 시간 단위를 통해 우주의 시간 개념을 설명했다. 이로써 그는 《역경》을 수학적으로 풀이한 조선 상수학의 기초를 마련했다.

이런 주기론은 율곡 이이를 거쳐 실학파의 여러 학자들, 특히 홍대용과 최한기로 이어졌다. 그의 제자들로는 허엽, 박순, 민순, 박지화, 서기, 한백겸, 이지함 등이 있으며, 그의 학문은 북인의 사상을 형성하는 데 큰 영향을 주었다.

그는 황진이, 박연 폭포와 함께 개성을 대표하는 송도삼절로 지칭되기도 했다. 빼어난 기생이었던 황진이의 유혹에 넘어가지 않은 유일한 인물로 황진이가 사부로 모셨다는 일화가 유명하다. 황진이의 매력 앞에 30년 간 벽만 보고 도를 닦았다는 지족선사도 파계하고 말았지만, 서경덕만이 그녀의 온갖 노력에도 불구하고 무너지지 않았다고 한다.

명종 원년인 1546년 7월 7일, 58세의 나이로 화담 서재에서 세상을 떠났다. 문집으로는 《화담집》이 있는데, 부 1편과 시 100여 수, 그리고 소·서·잡저·서·명이 실려 있다. 잡저에는 그가 평생 궁리한 이기철학, 주역사상, 수학 등에 관한 글들이 실려 있다.

독학한 서경덕이 즐겨 읽은 책

서경

사서삼경의 하나로, 공자가 중국의 요순시대부터 하나라, 은나라, 주나라 시대까지 훌륭한 군주들의 이야기를 편찬한 책이다. 《상서》라고도 하는 이 책은 모두 58편으로 이루어져 있다. 1~5편은 중국의 전설적인 태평시대에 나라를 다스렸다는 요, 순의 말과 업적을 기록했다. 6~9편은 우왕이 건국했다는 하나라(기원전 2070년 경~1600년 경)에 대한 기록이고, 10~26편은 은나라의 건국과 몰락(기원전 1600년~1046년)에 대한 기록이다. 27~58편은 주나라(기원전 1046년~771년)에 대한 기록이다. 인과 덕을 존중하던 공자는 요순시대를 가장 이상적인 정치가 행해지던 시대로 보고, 그 후의 우왕, 탕왕, 문왕, 무왕까지를 덕치의 끝으로 보았다.

주역

《시경》,《서경》과 더불어 삼경의 하나로 《역경》이라고도 한다. 역이라는 말은 바뀌고 변한다는 뜻으로, 만물이 끊임없이 변화하는 원리를 풀이한 책이다. 모든 것은 변하고 있으나, 그 변하는 것은 일정한 법칙에 따라서 변하기 때문에 법칙 그 자체는 영원히 변하지 않는다고 한다. 이 법칙을 인간의 생활에 적용시켜 풀이한 것이다. 천지만물은 모두 양과 음으로 되어 있다고 한다. 하늘은 양, 땅은 음, 해는 양, 달은 음, 강한 것은 양, 약한 것은 음, 높은 것은 양, 낮은 것은 음 등 상대되는 모든 사물과 현상들을 양과 음으로 구분하고, 그것의 움직임에 따라 우주 만물이 생성하고 변화한다는 원리이다. 공자가 위편삼절이라 하여 책을 묶은 가죽 끈이 세 번 끊어질 만큼 읽었던 책이 바로 이 책이다.

성리대전

1415년(영락 13년)에 중국의 호광 등 42명의 학자가 왕명을 받아 송나라, 원나라의 성리학을 집대성하여 편찬한 70권의 이학문집이다. 《사서대전》 36권, 《오경대전》 154권과 함께 영락삼대전이라고 불린다. 1~25권까지는 〈태극도〉, 주돈이의 〈태극도설〉, 장재의 〈통서〉·〈서명〉·〈정몽〉, 소옹의 〈황극경세서〉, 주자의 〈역학계몽〉·〈가례〉·〈율려신서〉, 채침의 〈홍범황극내편〉 등의 단행본을 수록하고 주를 달았다. 26~70권까지는 이기·귀신·성리·도통·성현·제유·학·제자·역대·군도·치도·시·문 등 13항목을 주제별로 나누어 여러 학자들의 어록과 문장을 수록했다. 그런 다음 그 성리설과 이기설에 대해 정자와 주자의 설을 중심으로 여러 학자들의 주장을 수록했다. 이 책에 실린 학자만도 118명에 이른다. 우리나라에는 1419년(세종 1년)에 들어왔으며, 국내에서 다시 간행되어 널리 보급되었다.

서경덕이 지은 시

그 옛날 책 읽을 땐 세상에 뜻을 두었지만
나이 드니 도리어 안회의 가난함이 즐겁다네.
부귀에는 다툼이 있으니 손대기 어렵지만
자연에는 막는 이 없어 편히 쉴 만하네.
나물 뜯고 낚시질하여 배를 채우고
달을 노래하고 바람을 읊으니 정신이 밝아지네.
배워서 의심이 없어지니 쾌활함을 알게 되어
헛된 인생 사는 걸 면하게 했도다. 〈독서유감〉

讀書當日志經綸 독서당일지경륜
富貴有爭難下手 부귀유쟁난하수
採算釣水堪充腹 채산조수감충복
學到不疑知快闊 학도불의지쾌활

歲暮還甘顔氏貧 세모환감안씨빈
林泉無禁可安身 임천무금가안신
咏月吟風足暢神 영월음풍족창신
免敎虛作百年人 면교허작백년인

어린이 수학 천재들과 뉴턴

책을 읽다 생기는 의문은 메모하여 해답을 찾다

1687년 케임브리지의 가을이 깊어간다. 빨갛고 노란 나뭇잎이 대학 캠퍼스를 감싸고 있다. 오늘은 우리 대학교에서 열린 수학 경시 대회에서 최고 성적을 받은 초등학생들과 점심 식사를 하는 날이다. 영국의 과학을 짊어지고 나갈 영재를 미리 기르자는 뜻이다.

학교 근처의 캠강에서는 젊은이들이 한가롭게 뱃놀이하며 맑고 시원한 가을 주말을 즐기고 있다. 캠강이 한눈에 내다보이는 아담한 식당에 들어서자 세 어린이가 자리에서 일어선다.

"어린이 수학 천재들, 안녕!"

"안녕하세요?"

금·은·동상을 받은 어린이들이 제법 의젓하다. 내 어린 시절의 모습과는 사뭇 다르다. 허약하고, 가난했던 나와 달리 체격도 좋고 옷도 근사하게 입고 있다.

"난 이 대학교에서 수학을 가르치고 있는 뉴턴 교수예요. 여러분처럼 수학을 잘하는 친구들을 만나 너무 기뻐요."

45살의 대학 교수가 친구라고 부르자, 어린이들이 쑥스러운 표정을 지으면서도 으쓱해한다. 키가 크고 머리가 곱슬곱슬한 어린이가 자기는 천문학자가 되고 싶은 토마스라고 인사를 하고, 안경을 쓴 날씬한 힐러리는 물리학자가 꿈이라고 한다. 단정한 금발 머리에 귀족 냄새가 물씬 풍기는 마지막 어린이는 나처럼 수학 교수가 되고 싶은 찰스란다. 이처럼 초롱초롱 빛나는 눈에 야무진 꿈을 지닌 어린 영재들을 만나니 뿌듯하다.

서글서글하게 생긴 키가 큰 토마스가 먼저 입을 연다.

"대학교가 너무 멋져요. 저도 이 학교에서 공부했으면 좋겠다는 생각을 했어요."

"그렇게 봐 주니 고맙네요. 케임브리지 대학교는 여러 단과 대학으로 되어 있어요. 내가 속한 대학은 트리니티 칼리지예요. 1546년에 헨리 8세가 인재들을 키우기 위해 킹스 홀 대학과 마이클하우스 대학을 합쳐서 만든 학교이죠. 여러분 모두 이곳에 와서 나와 함께 공부하면 좋겠어요."

이때 옆 식탁에서 빵을 먹던 꼬마가 깜짝 놀라며 소리친다.

"우아! 다람쥐다."

순간 작은 소동이 일어난다. 어색하게 서 있던 아이들이 일제히 창밖으로 눈을 돌린다. 앙증맞은 다람쥐 한 마리가 창가에 앉아 재빠른 손놀림과 입놀림으로 도토리를 까먹고 있다. 아이들이 저마다 탄성을 올린다. 키득대며 좋아하는 아이들을 보니 순박하기 그지없다. 다람쥐 덕분에 분위기가 한결 부드러워졌다.

"난 다람쥐만 보면 초등학교 다닐 때 생각이 나요. 하하."

창밖을 내다보던 아이들이 자리에 앉으며 합창하듯이 묻는다.

"왜요?"

"난 바람의 힘으로 돌아가는 풍차를 보면서 바람이 없는 날에도 돌아가는 풍차를 만들 수 없을까 하고 궁리했어요. 그러다 마침내 다람

케임브리지 대학교 1284년 개교한 사립 종합대학으로 옥스퍼드 대학교와 함께 영국에서 가장 오랜 전통을 자랑하는 대학이다.

쥐를 생각해 냈지요."

"다람쥐요?"

"같은 일을 계속하는 걸 다람쥐 쳇바퀴 돌듯이 한다고 하잖아요. 쳇바퀴 안에 다람쥐를 넣고, 거기에 조그만 풍차를 연결했죠. 그러자 다람쥐가 뛰는 대로 풍차가 빙글빙글 돌았어요."

금발 머리 찰스가 감탄한다.

"와! 기막힌 아이디언데요. 어떻게 그런 생각을 하셨죠?"

"난 내친김에 생쥐 물레방아도 만들었어요. 지금도 그 생각만 하면 웃음이 나요. 난 헛간에 덫을 만들어 놓고 며칠을 숨어서 기다린 끝에 간신히 생쥐 두 마리를 잡았어요. 그러곤 생쥐를 원통에 넣고 물레방아에 연결시켜 밀을 빻는 장난감 방앗간을 만들었죠."

안경 쓴 힐러리가 곰곰이 생각하다 한마디 한다.

"흠. 움직이는 힘이 있어야 다른 사물을 움직일 수 있다는 거죠? 그 다람쥐와 생쥐가 바람과 물을 대신한 거네요."

순간 난 마치 전기에 감전된 듯이 소스라치게 놀랐다. 이 어린이가 지금 무슨 말을 하고 있는가. 내가 올해 펴낸《프린키피아》라 불리는 《자연 철학의 수학적 원리》에 담긴 관성의 법칙을 말하고 있지 않은가. 그 원리를 설명하지는 못하겠지만, 그 내용은 이미 알고 있으니 정말 놀라운 일이다. 물리학자 꿈을 가질 만하구나. 힐러리가 다시 입을 연다.

"그런 발명품을 만들 정도면 항상 일등만 하셨겠네요?"

"일등을 하긴 했어요. 뒤에서 일등. 하하하."

"네에? 그럼 꼴찌?"

놀랄 만도 하다. 옥스퍼드 대학교와 더불어 영국의 최고 대학인 케임브리지 대학교의 교수가 꼴찌였다니.

"난 학교 다니기가 싫었거든요."

"왜요?"

내 어린 시절은 너무나도 어둡고 끔찍했다. 내가 태어나기 몇 달 전에 아버지는 돌아가시고, 어머니는 내가 3살 때 다른 곳으로 시집을 가셨다. 난 할머니와 단 둘이 살면서, 남들보다 몇 달 빨리 태어나 몸이 약하다는 이유로 항상 칠삭둥이라고 놀림받았지. 이런 아픈 얘기를 아이들에게 어찌 다 하겠는가.

"난 몸도 약하고, 집도 가난해서 다른 친구들과 잘 어울리지 못했어요. 늘 외톨이였죠. 그래서 늘 무언가 만들길 좋아했고, 책을 읽고 골똘히 생각하는 데 빠져 지냈어요."

식탁보를 만지작거리던 토마스가 나선다.

"무슨 생각을 하며 지냈는데요?"

"책에 쓰인 내용이라든가, 주변에서 일어나는 일들을 생각했죠. 예를 들어 해는 눈부시게 환한데, 달은 왜 그렇지 않은지를."

"에이, 해는 스스로 빛을 내고, 달은 그 빛을 반사하니까 그런 거 아닌가요?"

역시 똑똑하다. 수학 천재답다. 난 어릴 적 저렇게 똑똑하지 못했는데…….

"난 거기까지 생각하지 못했어요. 그래서 해가 왜 밝은지, 어떤 색인지를 알기 위해 하루 종일 해를 바라본 적도 있었어요."

"네에? 그럼 눈이 먼다고 하던데요."

"맞아요. 너무 밝은 빛을 직접 보면 눈의 각막이 상해서 맹인이 될 수 있어요. 그 일로 난 깜깜한 방에서 며칠 동안 누워 있어야만 했죠. 그때 하마터면 눈을 잃어버릴 뻔했어요. 그만큼 무식했던 거죠."

찰스가 얼굴빛을 고치며 말한다.

"그건 교수님께서 무식한 게 아니라, 한 가지 일에 집중하셔서 그런 거 아닌가요? 안 그러니?"

"그건 그래."

아이들이 나를 위로한다. 똑똑한 데다 남을 배려할 줄 아니 이 나라를 이끌어 갈 재목으로 손색이 없다.

"그렇게 봐 주니 고맙네요. 난 한 가지 일에 몰두하면 다른 건 다 잊어버리곤 했어요. 내가 중학교에 다닐 때였을 거예요. 말을 타고 학교에서 집으로 오는데, 언덕 앞에서 말이 힘들까 봐 내려서 고삐를 잡고 걸었어요. 그러면서 뭔가 한참 생각하며 가다 보니 말은 이미 어디로 달아나 버리고, 난 말고삐만 잡고선 걷고 있더라고요. 그것 참."

"그건 좀 심했네요. 말고삐가 풀리는 줄도 몰랐다니. 히히."

"어릴 적에 주로 혼자 지내다 보니까 나도 모르게 깊이 빠져드는 버릇이 생겼나 봐요. 어떤 때는 책을 읽으며 걷다가 무슨 심부름으로 거기 갔는지 잊어버린 경우도 많았으니까요."

"너무 하셨네요. 히히."

"맞아요. 심했죠. 그런데 이런 습관이 나중에 책을 보거나 연구하는 데는 큰 힘이 됐어요."

미리 주문한 음식이 나온다. 찐 감자와 완두콩을 곁들인 스테이크가 먹음직스럽다. 아이들의 얼굴이 환해진다. 맛있는 음식과 똘똘한 아이들, 그리고 정겨운 대화가 있는 자리. 결혼도 안 하고 사는 나에게 이런 자리는 아주 특별하다.

스테이크 한쪽을 입에 넣은 힐러리가 우물거리며 묻는다.

"교수님은 어릴 때 책을 많이 보셨어요?"

"글쎄요. 많이 봤다면 많이 본 셈이죠. 외톨이로 혼자 지내는 시간이 많았으니까요."

"어떤 책을 주로 보셨는데요?"

"어릴 때 읽은 책들은 제목이 잘 기억나지 않아요. 그러나 존 베이트가 쓴 《자연과 예술의 신비》라는 책은 매일 끼고 살았어요. 그 책에는 기계 만드는 요령이나 불꽃 만드는 방법, 그리고 응급 처치 요령같은 생활에 필요한 것들이 다 들어 있었거든요."

고기가 연하고 적당하게 잘 익었다. 음식을 맛있게 먹는 아이들의 모습을 보니 흐뭇하다. 찰스가 이상하다는 듯이 고개를 갸우뚱하며 묻는다.

"그렇게 공부를 안 했는데, 어떻게 교수님이 되셨어요?"

"중학교에 다니던 어느 날이었어요. 날 놀리는 녀석하고 대판 싸움이 붙은 적이 있었죠. 난 그때까진 매번 도망만 치던 겁쟁이였는데, 그날은 너무 약이 올라 그 녀석을 흠씬 패 준 거예요."

"우아, 신났겠네요. 헤헤."

"신이 났다기 보단 싸움도 잘하고 공부도 잘하는 그 녀석을 따라잡아야겠다는 생각이 들더라고요. 그래서 그날부터 오기로 공부만 했어요."

아이들이 음식을 먹다 말고 포크를 입에 문 채로 나를 바라본다.

"결국 전교 일등을 해 버렸죠 뭐. 험험."

"와, 너무 멋져요. 그럼 싸움도 일등, 공부도 일등을 한 거네요."

"어쩌다 그렇게 됐죠. 하하하."

공부 얘기가 나온 김에 내 독서 경험을 말해 줘야겠다. 이 영재들이 책을 어떻게 읽어야 하는지를 느끼는 시간이 될 수도 있을 테니까.

"난 열아홉 살 때 이 대학교에 입학하고 나서야 본격적으로 책을 읽었어요. 데카르트의 기계적 철학, 갈릴레이의 역학, 케플러의 광학과 천문학, 로버트 보일의 색깔론, 그리고 로버트 훅, 토마스 홉스, 크리스티안 호이겐스의 책들을 읽었어요. 예를 들면 데카르트의 《해석 기하학》, 갈릴레이의 《역학대화》, 케플러의 《굴절광학》, 월리스의 《무한의 산수》 같은 책들이죠."

찰스가 볼멘소리로 한마디 내뱉는다.

"너무 어려워요."

"그럴 거예요. 여러분도 대학에 와서야 읽게 될 어려운 책들이죠."

"그런 책들은 누가 읽으라고 추천해 준 건가요?"

"아뇨. 난 내가 스스로 읽어야 할 책들을 골랐고, 거의 혼자 공부하고 궁리해 가면서 그 책들을 읽었어요. 난 지금 내가 어떤 책을 읽었는지를 말하고 싶은 게 아니라, 그 책들을 어떻게 읽었는지를 말해 주고 싶어요."

"책은 그냥 읽으면 되는 게 아닌가요?"

아이들이 호기심 어린 눈으로 날 바라본다.

"나는 체계적으로 독서를 했어요. 읽어야 할 책을 순서대로 정해놓고 독서를 했으니까요. 특히 똑같은 사물이나 현상에 대해 설명하는 지은이들 간의 차이점에 주목했어요."

"그게 무슨 말이죠?"

"예를 들자면 데카르트와 로버트 보일은 둘 다 프리즘을 통해서 색깔이 만들어지는 현상을 다뤘어요. 그런데 그 두 과학자가 그 현상을 다르게 설명하고 있더라고요."

"어휴, 그럼 누가 맞고 누가 틀리는 거죠?"

"그래서 난 이들의 이론과 내 생각을 비교하면서 책을 읽었어요. 의문이 생기는 부분에 질문 내용을 적고, 내 생각과 다른 부분에는 반대 의견을 적으면서 읽은 거예요."

토마스가 포크를 내려놓은 채 바싹 다가앉으며 묻는다.

"그럼 누가 틀리고 맞는지를 알 수 있나요?"

"난 두 사람의 이론을 비교하면서 조금씩 나만의 생각을 만들어 냈어요. 아까 해와 달을 비교하듯이 말이에요. 말하자면 책을 읽으면서 문제점을 찾아내고, 그걸 비판하는 방식으로 공부한 셈이죠."

"그러면 책을 한 권 읽는 데 시간이 많이 걸릴 텐데요?"

"물론이죠. 책을 대충대충 읽어서는 안 되고, 아주 꼼꼼하게 읽어야 해요. 집중력을 가지고 말이죠. 그래야 문제가 해결되니까요."

이번엔 찰스가 물을 꿀꺽 삼키더니 묻는다.

"얼마나 집중해야 교수님처럼 돼요?"

"글쎄요. 난 한 문제에 몇 시간씩 집중했어요. 정확하게 알 때까지 꼼짝하지 않고 기다렸죠. 모르는 걸 앞에 두고 끊임없이 관찰하면서 말예요. 난 새벽녘의 어둠이 조금씩 환한 빛으로 밝아질 때까지 묵묵히 기다렸어요."

"아휴, 그건 너무 고통스럽고 힘든 일 아닌가요?"

"맞아요. 자기와의 싸움이죠. 그러다 보니 웃지 못할 일들도 여러 번 생겼어요. 하하."

"무슨 일인데요?"

지금 생각해도 웃음이 절로 난다. 아무리 정신이 없어도 그렇게 없을 수가 있나.

"요 며칠 전이었어요. 제 친구를 우리 집에 초대해서 닭 요리를 먹기로 했어요. 그런데 그날따라 일이 많아서 늦게 왔지 뭐예요. 그러자 친구가 날 기다리다 못해 식탁에 차려진 닭 요리를 먹고 나서 냄비 뚜껑을 덮어 놓았지요."

"그런데요?"

"난 헐레벌떡 집으로 뛰어 들어와서는 그 친구에게 미안하다는 인사를 하곤 바로 식탁에 앉아 냄비 뚜껑을 열었죠. 아, 그런데 닭 요리는 없고 앙상한 뼈만 남아 있는 거예요. 기가 막혀서."

"친구 분이 너무하셨네요 뭐. 그래서 어떻게 하셨어요? 막 화내셨어요?"

"아니. 난 오히려 그 친구에게 미안해하면서 한마디 했죠. '아! 참, 닭 요린 우리가 아까 다 먹어 치웠지? 난 그것도 잊어버리고 또 먹으려고 하다니 나도 참 어지간히 정신없는 사람이야. 안 그런가?'라고 말이에요. 하하하."

어린 친구들이 까르르 웃으며 뒤로 넘어간다. 식탁 두드리는 소리에 옆 식탁에 앉은 손님들이 모두 우리를 바라본다. 웨이터가 깜짝

85

놀라 뛰어오더니 무슨 일인가 조심스럽게 살핀다. 즐거워하는 우리 일행을 보고는 슬며시 미소 지으며 돌아간다.

"어릴 적이나 지금이나 뭔가에 한번 빠지면 아무 일도 못하니 이것도 병인가 봐요."

"너무하셨네요. 헤헤헤. 그렇게 집중해서 독서하셨으면 교수님 책은 아주 지저분하겠네요?"

"대부분 그래요. 베이컨과 데카르트 같은 초기 과학자들의 책을 읽을 땐 내가 생각하는 것을 모조리 주를 달았으니까요."

"교수님 말씀대로라면 많은 책을 읽기보단 적은 책이라도 꼼꼼히 읽어야겠네요?"

"내 방법이 꼭 옳은 건 아니지만, 난 이 방법이 나한테 맞는다고 생각했어요. 책을 꼼꼼히 읽고 난 후 곰곰이 생각하는 거죠. 그러곤 그게 맞는지 직접 실험도 해 보고요. 실험하지 않은 이론은 뜬구름과 같으니까요. 모든 것에 의문을 던지는 실험 정신이라고나 할까요?"

식사를 마치자 어린 손님들에게 디저트로 과즙에 설탕을 섞어 얼린 셔벗을 내온다. 식사 후 보통 커피를 마시던 나도 덕분에 달콤한 맛을 본다. 찰스가 셔벗을 한입 넣고 오물거리며 묻는다.

"그럼 교수님은 그때부터 이 학교에 계속 계셨던 거예요?"

"그렇지 않아요. 1665년에 흑사병이 런던을 포함하여 영국 전체에 퍼지기 시작했어요. 그래서 우리 케임브리지 대학교도 문을 닫게 됐죠. 런던에서만 몇 만 명이 죽었다고 하니까요. 그래서 일 년 반 동안 고향 집에 내려가 있었어요."

"우아, 그럼 쭉 방학이었겠네요?"

찰스가 신난 듯이 말하자, 곁에 앉은 토마스가 나무란다.

"야, 전염병 때문에 사람들이 죽는데, 방학이 문제냐?"

"아차, 깜빡했다. 히히. 그럼 공부도 못 하고 심심하셨겠네요?"

"난 그때 집에서 평생 동안 할 일을 모두 다 한 거 같아요. 어떤 사람들은 그때를 '기적의 해'라고도 부르기도 해요. 좀 쑥스러운 일이지만요."

"기적이라고요? 무슨 기적을 일으키셨어요?"

예전이나 지금이나 기적이나 마술 같은 것에 대한 매력은 대단하다. 아이들의 귀가 쫑긋하는 걸 보면 말이다.

"내가 기적을 일으킨 게 아니고, 올해 펴낸《자연 철학의 수학적 원리》라는 책에 소개한 만유인력이나 미분학, 적분학, 그리고 광학에 대한 중요한 아이디어를 그때 다 얻었거든요."

"그 많은 걸 학교도 다니지 않으면서 어떻게 다 생각했죠?"

"학교는 다니지 않았어도 책은 끼고 살았으니까요. 그리고 책을 읽으면서 끊임없이 의심하고, 비판하고, 생각했거든요."

아이들이 너무 막연한 모양이다. 멍하니 날 바라본다.

"어느 날이었어요. 아마 지금 이맘때쯤이었을 거예요. 지구는 둥근데 어떻게 사람이 땅에 붙어 있을 수 있는지 곰곰이 생각하게 됐어요. 빙글빙글 도니까 저 우주 밖으로 날아가야 되는데 말예요. 아무리 생각해도 답을 찾아내지 못했죠."

"어? 그러네요."

"난 답답한 마음에 마당에 나와 왔다 갔다 하고 있었어요. 바로 그때였죠. 마당 곁에 심은 사과나무에서 사과가 툭 하고 떨어지는 게 아니겠어요?"

그러자 아이들이 킥킥댄다.

"그럼 사과가 땅에 떨어지지 옆으로 날아가나요? 히히."

"사과가 하늘로 올라가면 엄청 이상할 거야. 헤헤헤."

"사과가 공중에 그냥 떠 있는 건 더 웃기네 뭐. 킥킥."

말도 안 된다며 웃던 아이들이 잠시 후 골똘히 생각에 잠긴다.

"그런데 사과는 왜 하늘로 날아가지 않을까? 흠."

역시 수학 천재들답다. 여느 아이들 같으면 웃고 말 일을 이들은 한 번 더 의문을 품고 생각한다.

"난 그때 모든 사물은 끌어당기는 힘이 있다는 걸 알았어요. 지구가 끌어당기는 힘이 있어서 우리가 땅에 붙어 있는 것이고, 사과도 밑으로 떨어지는 거죠. 그리고 지구와 달이 서로 끌어당기는 힘이 있기 때문에 일정한 거리를 두고 도는 거고요. 난 이걸 '만유인력의 법칙'이라고 불렀어요."

"교수님, 참 대단하세요."

"맞아요, 정말 멋져요."

"우린 언제 교수님처럼 될 수 있을까?"

조금 전까지 키득거리며 웃던 아이들이 입을 벌리며 감탄한다. 어렵고 딱딱한 내용인데도 재미있어 하는 걸 보니 나 역시 즐겁다. 내 뒤를 이어 과학 발전에 힘쓸 아이들을 바라보는 마음을 누가 알까.

"사실 난 대단하지도 멋지지도 않아요. 그저 진리를 찾고 싶었어요. 내가 한 일은 아주 조그맣고 하찮은 일이에요. 난 드넓은 진리의 바닷가에 펼쳐진 모래밭에서 조약돌과 조개껍데기를 줍는 어린아이

일 뿐인걸요. 여러분도 나와 함께 그 진리를 찾도록 해요."

뭔가를 다짐하는 아이들의 눈빛이 밝다. 케임브리지의 가을이 익어 간다. 캠강에 뜬 보트가 순풍을 받아 서서히 흘러간다. 뜻이 맞는 이들과 함께한 아름답고 행복한 가을날이다.

아이작 뉴턴
순서를 정해 책 읽는 습관을 들이다

　뉴턴은 1642년 12월 25일에 잉글랜드 동부 링컨셔의 울스돕이라는 작은 마을에서 미숙아로 태어났다. 그의 아버지는 평범한 농부였는데, 뉴턴이 태어나기 몇 달 전에 세상을 떠났다. 그가 3살이 되었을 무렵, 어머니는 그 지방의 어느 목사와 재혼한 뒤 어린 뉴턴을 할머니 손에 맡긴 채 몇 마일 떨어진 곳으로 떠나 버렸다. 그런 뉴턴은 작고 허약해서 다른 아이들로부터 언제나 놀림을 당했다.

　그 무렵 영국에는 초등학교가 없어서 부자들은 가정교사를 두었으나, 가난한 뉴턴은 개인이 차린 조그만 학교에 다녔다. 스크린턴 학교와 스토크스 학교를 하루씩 번갈아 다녔다. 13살이 되어 그랜트햄 왕립중학교에 진학했으나, 농사를 짓게 하려는 어머니의 고집으로 학교를 그만두게 되었다. 그 뒤 이런저런 발명품을 만드는 그의 재능을 알아본 주위 사람들의 권유로 다시 학교에 다닐 수 있었다. 마침내 그는 1661년 케임브리지 대학교의 트리니티 칼리지에 입학했다.

　1665년 런던에 흑사병이 돌아 대학교가 문을 닫자 그는 집으로 돌아가 지냈다. 수학과 광학, 천문학과 역학 등에 대한 엄청난 연구의 바탕이 바로 이때 이루어졌다. 이 시기에 뉴턴은 데카르트의 기하학에서 배운 것을 응용하여 미적분을 개발함으로써 고등 수학의 기초를 다졌다. 또한 만유인력의 법칙을 세워 현대 천문학의 기초를 닦았으며, 운동의 법칙을 만들고 그 결과를 연역함으로써 현대 물리학의 기초를 쌓았다. 또한 프리즘을 써서 햇빛을 분해하는 실험을 통해 현대 광학의 바탕도 세웠다.

    그는 1667년에 다시 대학교로 돌아와 특별 연구원이 됐다. 1669년에는 스승인 베로우가 뉴턴을 위해 루카스 강좌 교수직을 사임함으로써 수학 교수가 됐다. 그는 대학에서 주로 대수학과 방정식론을 강의했다. 1668년에 반사 망원경을 최초로 발명했으며, 그로 인해 1672년에 영국 왕립학회 회원으로 뽑혔다. 1679년, 그는 달의 운동에 대한 연구와 관련하여 지구 반지름의 새로운 측정법을 사용함으로써 만유인력 법칙을 증명했다. 1687년에는 만유인력을 중심으로 한 역학체계를 《자연 철학의 수학적 원리》에 담아 출판했으며, 이 책은 다윈의 《종의 기원》과 더불어 인류 역사상 가장 중요한 과학책으로 손꼽히고 있다.

    그는 1689년부터 케임브리지 대학교를 대표하는 국회의원으로 활동했다. 1691년부터는 돈을 만드는 조폐국에서 관리로 일을 했고, 1703년에 왕립학회의 회장에 당선되었으며, 1705년에는 영국 왕실에서 기사 작위를 받았다. 평생 결혼하지 않고 산 그는 1727년 3월 20일에 85세의 나이로 세상을 떠나, 웨스트민스터 사원에 묻혔다.

수학천재 뉴턴이 즐겨 읽은 책

해석 기하학

데카르트가 1637년에 기호의 학문인 대수학과 도형의 학문인 기하학을 하나로 묶은 수학 이론 책이다. 해석 기하학이란 기하학적인 도형을 좌표로 나타내고, 그 관계를 로그, 미분, 적분 등을 이용해 연구하는 기하학이다. 고대 이집트인들은 나일 강이 홍수로 넘친 후에 땅을 바르게 나눠주기 위해 측량 기술이 필요했다. 기하학은 토지 측량을 위해 도형을 연구하면서 시작된 수학의 한 분야이다. 이집트인들이 개발한 이 같은 도형에 관한 지식은 지중해를 건너 그리스로 전파되었다. 그리스인들은 도형에 대한 개념을 새롭게 만들었으며, 탈레스와 피타고라스의 노력으로 더욱 발전했다. 그 뒤 17세기에 들어와서 페르마가 이것을 알기 쉽게 설명했고, 데카르트가 좌표라는 개념을 기하학에 사용하여 해석 기하학이라는 체계적인 이론을 만들었다. 그 후 해석 기하학은 뉴턴과 라이프니츠에 의해 만들어진 미적분학과 맞물려 다시 미분기하학으로 발전했다.

역학대화

갈릴레이(1564년~1642년)가 쓴 역학에 관한 책으로 《신과학대화》라고도 한다. 책의 원래 제목은 《역학과 지상 운동에 관한 두 신과학에 대해서의 대화와 수학적 증명》이다. 갈릴레이가 1633년에 지구가 태양을 돈다는 지동설을 주장해 유죄 판결을 받은 후, 피렌체의 교외에서 은둔 생활을 하면서 쓴 책이다. 1636년 완성되었고, 1638년 레이덴의 한 서점에서 간행되었다. 과학자 한 명, 스콜라 철학자 한 명, 베네치아 시민 한 명 등 세 사람이 4일 동안 대화하는 형식으로 쓰였다. 재료와 구조, 소리, 진자, 지레의 원리, 자유낙하와 포물선운동, 유클리드의 이론, 물체의 충돌 같은 새로운 과학적 사실들을 쉽게 풀어냈다. 갈릴레이의 과학적 방법과 성과가 모두 담겨 있으며, 역학의 기초를 마련했다는 의의를 지니고 있다.

뉴턴이 밝힌 운동과 인력 법칙

1. 관성의 법칙
운동하고 있는 물체는 외부에서 힘이 가해지지 않는다면 계속 같은 속도로 운동한다. 정지해 있는 물체는 힘이 가해지지 않는다면 계속 정지해 있다.

2. 가속도의 법칙
정지한 물체나 일정한 속도로 움직이는 물체에 일정한 힘을 가하면 그 물체는 가속하게 된다. 물체의 가속도는 물체에 주어진 힘에 정비례하고, 그 물체의 질량에 반비례한다.

3. 작용과 반작용의 법칙
모든 작용에는 크기가 같고 방향은 반대인 반작용이 따른다. 어떤 물체가 다른 물체에 힘을 가하면 힘을 받은 물체는 힘을 가한 물체에 똑같은 양만큼의 반대의 힘을 가한다.

4. 만유인력의 법칙
모든 물체 사이에는 서로 끌어당기는 힘이 작용한다. 이 힘의 크기는 물질의 양이 클수록 커지고 물체의 사이의 거리가 멀수록 작아진다. 중력의 크기는 두 물체의 질량의 곱에 비례하고, 둘 사이 거리의 제곱에 반비례한다는 것이다.

가출 소녀와 벤저민 프랭클린

작가의 생각에 귀를 기울이며 책을 읽다

"고요한 밤 거룩한 밤 어둠에 묻힌 밤,
주의 부모 앉아서 감사 기도 드릴 때,
아기 잘도 잔다, 아기 잘도 잔다."

흰옷을 입고 머리엔 화관을 쓴 소녀들이 촛불이 꺼질세라 조심조심 행진한다. 눈이 귀한 이곳에 함박눈이 내리고 있다. 화이트 크리스마스답게 오가는 사람들의 얼굴에도 함박꽃이 피었다. 한 무리의 소년들이 눈을 뭉쳐 던지며 뛰논다.

오늘은 1752년, 내가 46번째 맞는 크리스마스다. 작년에 문을 연 필라델피아 병원에서 산타클로스 역할을 하고 나오는 길이다. 병실에 누워 있는 어린아이들이 빨간 산타 복장에 흰 수염을 단 나를 보고 그렇게 좋아할 수 없다. 등불로 밝힌 필라델피아 거리가 정겹다.

누굴까. 불 꺼진 빵집 앞에 웬 아이가 쪼그려 앉아 있다. 눈빛에 어스름하게 반사되는 모습이 여자아이가 분명하다.

"메리 크리스마스! 호, 호, 호."

산타 복장에 선물 자루를 짊어진 채 큰 소리로 인사를 건넨다. 그러자 추위에 잔뜩 웅크리고 있던 소녀가 고개를 든다. 열한두 살쯤 되어 보인다.

"예쁜 공주님이 여기서 무얼 하나요?"

"할아버진 누구세요?"

"나? 보다시피 산타클로스지."

"치! 산타가 어디 있담. 할아버진 가짜 산타죠?"

추워서 달달 떨면서도 힘없는 목소리로 할 말은 다한다.

"어허, 가짜 산타가 어디 있니? 난 진짜 산타클로스란다."

"가짠지 다 알아요. 제가 어린앤가요 뭐. 진짜 산타면 제 소원을 들어주실 수 있어요?"

"그럼. 그런데 여긴 너무 추우니까 어디 좀 따뜻한 곳에 가서 얘기하면 어떨까?"

눈 오는 밤, 옷을 저렇게 허술하게 입었으니 얼마나 추울까. 우선 이 근처에 있는 내 사설 도서관으로 데려가야겠다.

어두컴컴한 도서관에 들어서서 더듬더듬 촛불을 켜고, 벽난로에 장작불을 지핀다. 꽁꽁 언 몸이 녹자 비로소 자그마한 소녀의 얼굴이 선명하게 보인다. 예쁘장하게 생긴 하얀 얼굴에 주근깨가 촘촘히 박혔다. 빨간 머리를 두 갈래로 따서 늘어트린 어깨가 가냘프다. 마침 선물로 나눠 주던 빵을 소녀에게 건네자 마파람에 게눈 감추듯이 후다닥 먹어 치운다.

"배가 많이 고팠던 모양이구나. 더 먹을래?"

소녀가 말없이 고개를 젓는다.

"집이 어딘데, 거기서 그러고 있었니?"

"……."

"그래 이 산타할아버지한테 받고 싶은 선물이 있니?"

"가짜 산탄 줄 다 알아요. 그래도 소원을 빌 수 있다면 따뜻한 엄마 아빠, 멋진 오빠, 착한 언니를 선물로 받고 싶어요."

이게 무슨 소리인가. 산타클로스 노릇 10년 만에 이런 소원은 처음

들어본다.

"엄마 아빠 장사하시느라 바빠요. 막내인 저 같은 건 생각할 틈도 없으시죠. 언제나 맛있는 게 생기면 오빠들만 주고, 저한테는 언니들이 입던 옷만 던져 주세요. 오빠들은 툭하면 때리고, 언니들은 마귀할멈처럼 심술부리기 일쑤고……."

새침하던 소녀의 눈에 눈물이 그렁그렁 맺힌다.

"그건 그래도 참을 만해요. 학교 갔다 오면 가게 나와서 청소하고 심부름하라고 하세요. 그러다 친구들을 만나기라도 하면 얼마나 창피한 줄 아세요? 차라리 죽고 싶을 정도예요. 흑흑."

"흠. 그래서 집을 나온 거니?"

소녀에게 손수건을 건네며 묻자 힘없이 고개를 끄덕인다. 이 추운 겨울에 어딜 가겠다고 무작정 집을 나온단 말인가. 내 어린 시절 이야기가 이 소녀에게 도움이 될지도 모르겠다.

어차피 다 아는 거, 산타 수염을 떼어 놓고 얘기해야겠다.

"나도 어릴 적에 가출한 적이 있단다. 학교도 못 다니고, 형 밑에서 일만 하며 지내는 게 너무너무 싫어서."

슬픔에 젖어 있던 소녀가 긴가민가하며 고개를 든다.

"난 보스턴에서 양초와 비누를 만드는 가난한 집에서 열다섯 번째로 태어났어. 여덟 살이 돼서 보스턴 그래머 학교에 들어갔지. 들어가자마자 일등만 했단다. 학기 중간에는 월반해서 이학년이 됐고, 그해 말에는 삼학년으로 또 월반했지."

소녀의 눈이 동그래진다.

"아버지 친구들은 대학에 보낼 형편도 안 되면서 라틴어를 가르치는 학교엘 왜 보내느냐고 하셨어. 그래서 아버지는 날 작문과 수학을 가르치는 학교로 전학 보냈지."

"그래서요?"

소녀의 호기심이 슬슬 일어나는 모양이다.

"결국 학비 때문에 한 해도 채우지 못하고 학교를 그만둬야 했어. 그러곤 아버지 공장에서 양초와 비누를 만들었지. 그때가 열 살이었어."

"아휴, 학교도 못 가고 일만 했으면 무척 힘들었을 텐데, 어떻게 버티셨어요?"

"버텨? 하하하. 책을 읽으며 버텼지."

소녀가 생각지 못했던 말에 흠칫 놀란다.

"책이라고요? 친구들과 놀러 다니거나, 맛있는 음식을 먹는 게 아니고요?"

"난 배우고 싶었거든. 학교 가서 공부하는 게 너무 재미있어서 뭐든 열심히 파고 들었지. 그 결과 월반도 할 수 있게 된 것이고. 그런데 그걸 못 하니 미칠 것 같았어. 그래서 난 닥치는 대로 책을 읽었어. 아버지 방에 있던 신학 책부터 손에 잡히는 대로."

"어렵지 않았나요?"

"어려웠지만, 뭔가 배우고 싶다는 마음이 강했기 때문에 별 문제 없었어. 그리고 용돈이 생기면 존 버니언의 《천로역정》 같은 순례 여행기들을 사서 읽었지. 나중에는 그 책들을 팔아서 버튼의 《역사전

집》을 사서 읽었고."

따뜻한 물을 홀짝홀짝 마시던 소녀가 의심스러운 듯이 묻는다.

"열 살짜리가 읽기엔 너무 어려운 책 아닌가요?"

"난 그때 플루타르크의《영웅전》과 다니엘 디포의《기업론》, 그리고 코턴 매더의《선행론》도 읽었는데 뭐."

그러자 소녀가 새침한 표정으로 따지듯이 말을 내뱉는다.

"참 수준이 높으셨네요. 전 아직도 동화책이나 만화책만 보는데. 그런데 그렇게 책을 읽으면 일은 언제 해요? 부모님한테 혼나지 않았어요?"

"아버진 책을 좋아하는 나를 열두 살 때 인쇄업을 하던 제임스 형에게 보냈어. 양초나 비누 만드는 것보다 잘할 거라 생각하신 거지. 스물한 살 때까지 일을 배우고, 그 다음부터 월급을 준다고 하셨지."

"아니, 월급도 안 주고 일만 시켜요? 정말 너무했다."

비참하긴 했다. 일을 가르쳐 준다는 구실로 일만 죽도록 시켰으니 말이다. 오죽하면 내 일을 찾아 5년 만에 가출을 했을까.

"난 책이 너무 읽고 싶은데, 돈이 없었어. 하루는 궁리 끝에 내 식사비를 돈으로 달라고 했지. 들어가던 돈의 절반만 달라니까, 형이 '이게 웬 떡이냐?' 하며 돈으로 주더라고. 그래서 그 돈을 아끼고 아껴서 책을 사 봤지."

"그럼 식사가 형편없었을 텐데요."

"그때 나에게 먹는 건 중요하지 않았어. 형과 다른 사람들이 식사하러 나가면 혼자 비스킷 하나나 빵 한 조각, 한 줌의 건포도나 과일

파이로 간단하게 해결했지. 그러곤 사람들이 돌아올 때까지 한가하게 책을 읽었어. 그렇게 행복할 수 없었단다."
 소녀가 고개를 갸우뚱한다. 그럴 만도 하지. 먹는 즐거움을 어찌 버리겠는가. 그러나 나에겐 책 읽는 것이 더 큰 즐거움이었다.

"적게 먹으니까 정신이 한층 더 맑아지고, 책 내용도 빨리 이해할 수 있었어."

"하긴 배부르면 책이 눈에 들어오나요, 뭐? 그럼 일 끝나면 뭘 했어요?"

"저녁때와 새벽 시간이야말로 천국이었지."

"아하, 친구들하고 놀러 다녔구나. 그렇죠? '일만 하고 놀지 않으면 바보가 된다.'는 속담도 있잖아요. 호호."

"물론 지금은 그렇겠지. 그러나 그땐 그럴 틈이 없었어. 난 잠을 줄이면서 책을 읽었거든. 학교를 다니지 못하니 내 스스로 지식을 쌓아야 한다고 생각한 거야."

예상이 빗나가자 소녀가 다소 충격을 받은 눈치다. 내 자랑을 하기 위해 꺼낸 얘기가 아니니 더 자극을 줘도 좋으리라. 타오르는 불꽃을 보던 소녀가 의심스럽게 묻는다.

"책 살 돈도 거의 없었다면서 매일 읽을 책은 어디서 났어요? 설마……."

"어, 이거 왜 이래. 난 절대 책을 훔치지 않았다고. 하하하."

"흥! 누가 훔쳤대요, 뭐?"

뾰로통하게 대답하는 소녀의 모습이 밉지 않다.

"난 근처 서점 직원과 친해졌어. 그래서 깨끗이 보고 다음 날 갖다 준다는 조건으로 많은 책을 그냥 볼 수 있었지. 또 인쇄소에 드나드는 매튜 애덤스라는 상인이 책을 많이 갖고 있었는데, 짬이 나면 책을 좋아하는 나에게 기꺼이 책을 빌려주곤 했거든."

"어떤 책들을 빌려 봤는데요?"

"음. 코커가 쓴 수학책과 그린우드의 영문법 책, 그리고 셀러와 셔미가 쓴 항해에 관한 책 같은 걸 읽었지. 또 론 로크의 《인간 오성론》이나 포르-루아얄 학자들이 쓴 《사색의 기술》을 인상 깊게 읽었어. 특히 크세노폰의 《소크라테스의 추억》이라는 책이 기억에 남는구나."

"왜 그렇죠?"

벽난로에 매달아 놓은 주전자에서 하얀 김이 쉴 새 없이 뿜어 나온다. 차분하게 다시 이야기를 주고받는다.

"우리 동네에 존 콜린스라는 책벌레가 있었는데, 우린 만나기만 하면 읽은 책에 대해서 논쟁하곤 했단다. 그런데 내 주장만 하다 보니까, 점점 그 친구를 미워하고 깔보게 되지 뭐니?"

"그건 그래요, 우리 오빠나 언니들하고도 항상 그러니까요."

"난 《소크라테스의 추억》을 읽으면서 소크라테스가 겸손하게 질문을 던지며 대화하는 방법에 놀랐어. 난 그때까지 상대방의 생각을 당돌하게 반박하고, 내 생각이 옳다고 밀어붙였거든. 난 그 책에서 겸손하게 묻고 의문을 나타내는 법을 배웠지. 상대방을 설득하는 기술을 말이야. 이건 책을 읽을 때도 마찬가지였어."

"그게 무슨 말이죠?"

"그때까지 난 책을 읽으면서도 내 생각을 하면서 읽었던 거야. 나쁜 버릇이지. 그런데 그 뒤로는 지은이의 생각에 우선 귀를 기울이고, 그 다음에 의문을 품으면서 다시 생각하는 식으로 독서한 거야."

소녀가 고개를 끄덕이며 골똘히 생각한다. 내 말을 되새기는 모양이다.

"아휴, 전 그렇게 못 할 거예요. 너무 복잡해요."

"공주님은 벌써 그걸 알고 있는데 뭐. 책을 읽으면서 지금처럼 지은이의 말을 듣고, 그것이 맞는지를 곰곰이 생각하고, 그 다음에 자신의 생각을 밝히면 되는 거야."

"치! 지은이에게 내 생각을 어떻게 밝혀요? 보이지도 않는데."

"그래서 난 책을 읽은 다음에 내 생각을 노트에 적었어. 지은이에게 하고 싶은 말을 소감문 노트에 정리한 거야. 나중에 그 노트를 보면서 지은이의 생각과 내 생각 중 어느 것이 옳고 그른지를 생각했지."

소녀의 눈이 놀란 토끼처럼 커진다. 하긴 나도 《소크라테스의 추억》을 읽기 전까지 그런 생각을 못 했으니까.

"참, 한 가지 빼놓은 게 있다. 그 무렵에 난 우연히 《스펙테이터》란 오래된 책을 읽게 됐어. 그런데 글이 너무 아름다워서 나도 그런 글을 썼으면 하는 생각이 들더라고."

"그래서요?"

"난 그 책을 몇 번이나 다시 읽은 다음에, 몇 페이지에 대한 줄거리를 종이에 썼어. 그런 뒤 며칠 있다가 그 종이만 보고 그대로 다시 써 보려고 했지. 그런데 그게 잘 안 되더라고. 그 내용을 다시 쓸 만큼 단어 실력이 안 됐던 거야."

"에이, 그건 너무 어려운 일이네요. 전 외워서 쓰는 것도 잘 안되던데."

"아직 멀었다는 생각이 들었어. 그때부터 단어 하나하나에 집중하면서 책을 좀 더 꼼꼼히 읽게 됐지."

소녀가 조그만 나무 토막을 벽난로에 던지다 말고 불현듯 묻는다.

"그럼 아저씬 어떤 책을 읽을 건지 미리 정해 놓고 읽으셨어요?"

"응? 아저씨? 아깐 할아버지라며?"

"어우, 그땐 수염을 붙이고 있어 할아버진 줄 알았죠. 헤헤."

"그런가? 하하. 난 계획을 세우고 순서대로 책을 읽지 않았어. 지식에 대한 갈증이 심했거든. 난 여러 방면의 책을 닥치는 대로 읽었어. 내 머리가 백과사전처럼 되길 바랐으니까."

"말도 안 돼. 사람이 어떻게 백과사전처럼 될 수 있어요? 대학교를 나온 사람도 그렇게 많이 알지는 못할 거예요."

슬슬 시장기가 돈다. 빵을 갈라 반을 소녀에게 건네자 방끗 웃는다. 빵 한 조각을 입에 넣고 우물거리며 입을 연다.

"내가 스물한 살 때였으니까 1727년이지. 난 비밀 결사대라는 뜻을 가진 전토 클럽을 조직했어."

"비밀 결사대요? 그럼 몰래 무기를 숨기고 다니면서 인디언들과 싸우고 그러는 클럽인가요?"

소녀의 상상력이 기발하다. 소녀의 말에 괜히 어깨에 힘이 들어간다. 마치 전쟁터에 나가는 군인이라도 된 양.

"사실은 그런 비밀 결사대가 아니고, 책을 좋아하는 사람들끼리 모여서 독서 토론을 하는 모임이야. 매주 금요일마다 모여 철학, 윤리, 정치, 물리학, 수학 등에 대해 토론했지. 덕분에 온갖 분야의 책들을 엄청 많이 읽었단다. 백과사전에 나오는 만큼은 아니지만, 그런 독서 덕에 난 여러 방면의 전문가가 됐지."

"치! 난 또 뭐 대단한 비밀이 있는 줄 알았네. 그런데 왜 비밀 결사대라고 했어요?"

"그건 우리들만 모여서 지식과 학문을 갈고 닦는다는 뜻으로 그런 거야. 마치 전쟁에 나가는 군인이 칼을 갈듯이 말이야."

물컵을 든 소녀가 나를 뚫어져라 바라본다. 꿀꺽 소리가 날 정도로 급하게 물을 마신 소녀가 묻는다.

"참! 아까 일하기 싫어서 가출했다면서요?"

"일하기 싫은 것보다도 내 일을 하고 싶었던 거지. 난 열일곱 살 때 보스턴에서 삼백 마일이나 떨어진 뉴욕으로 떠났어."

내 인생에서 가장 큰 모험을 한 시간으로 돌아간다. 소녀가 다그치듯이 묻는다.

"그런데 그 먼 거리를 어떻게 갔어요? 월급도 못 받았다면서 돈은 어디서 났고요?"

"가지고 있던 책을 몽땅 다 팔았지 뭐. 그리고 부모님과 형이 알면 안 되니까 내가 사고를 쳐서 도망가야 한다고 속이고 몰래 배에 올랐어."

"무슨 사고요?"

"그건 뭐 도망가려고 한 거짓말이지."

"그래도요."

"공주님의 호기심이 꽤 끈질기네. 내가 잘못해서 어떤 행실이 아주 좋지 못한 여자가 결혼을 하자고 죽자 살자 하며 따라 다닌다고 거짓말을 했지. 그래서 도망가야 한다고……."

"호호호. 그런 여자와 사느니 차라리 도망가는 게 나을지도 모르죠. 그래서 어떻게 됐나요?"

소녀는 보기와 달리 끈질긴 호기심을 가지고 있다. 조금만 다듬어도 큰 재목이 될 아이다.

"하하하. 난 삼 일 동안 배를 타고 뉴욕에 갔지만, 일자리가 없었어. 그래서 다시 백 마일 떨어진 이곳 필라델피아로 왔지."

"아휴, 너무 실망했겠다. 그쵸?"

"내가 탄 배가 암초에 걸려 난파되기도 했고, 비 내리는 거리를 무작정 걷기도 했어. 간신히 필라델피아에 도착해선 가지고 있던 돈을 톡톡 털어 롤빵 세 개를 샀지. 난 그걸 양쪽 겨드랑이에 끼고 걸으며 먹었단다. 그땐 너무 정신없어서 창피한 줄도 몰랐지 뭐냐. 그러곤 어느 교회에 들어가 쓰러져 잠이 들고 말았어."

안쓰럽다는 듯이 바라보는 소녀의 눈이 따스하다. 뭔가 입장이 바뀌었다는 생각이 든다.

"그 다음에 어떻게 됐어요?"

"난 여기서 열심히 일해서 결국 인쇄소 사장이 됐단다."

"와, 너무 잘 됐네요. 그럼 비밀 결사대도 그때 만든 건가요?"

"맞아. 그 무렵이었지. 나처럼 책 읽기 좋아하는 사람들과 함께 모여 지내며, 클럽의 서재도 만들었어."

"도서관이 없었나 봐요?"

"그땐 책이 귀해서 필요한 책을 영국에 주문해야 했던 시절이었어. 그런데 서재가 생겼으니 그 기쁨이란 말할 수 없었지."

소녀가 마치 자기의 일인 양 박수를 치며 좋아한다.

"그러다 우리 책을 여러 사람들이 보면 좋겠다는 생각에 회원제 문고를 만들었어. 나중엔 도서관이 됐지만."

"그 도서관이 어디에요?"

"공주님이 지금 불을 쬐고 있는 곳이지."

"네에? 그럼 여기가 도서관이에요?"

소녀가 그제야 어두운 주변을 찬찬히 둘러보며 활짝 웃는다. 가만가만 벽으로 가더니 소리친다.

"가난한 리처드의 달력이 여기에도 있네요. 전 이 달력을 보면서 감동받을 때가 많은데."

내가 책을 읽지 못하는 사람들을 위해 빈칸에 교훈적인 좋은 말을 넣어 만든 달력이다. 잠시 후 소녀의 비명 소리가 들린다.

"어머나! 이 책상 위에 벤저민 프랭클린이라고 쓰여 있어요. 얼마 전에 연을 띄워서 번개를 끌어 내린 분 말이에요."

잠시 후 소녀가 내게로 달려온다. 그러더니 내 팔에 매달리며 조심스레 묻는다.

"그럼 혹시, 아저씨가 그 유명한 벤저민 프랭클린?"

고개를 끄덕이자 소녀가 폴짝폴짝 뛰며 만세를 부른다. 소녀만큼이나 나도 무척 즐거운 시간이었다. 이제 소녀를 집에 데려다 주어야겠다.

"힘들고 어려울 때, 자신을 지켜 주는 건 가족밖에 없단다. 가족이 있고, 학교에 다닐 수 있고, 먹고 잘 수 있는 집이 있는데, 왜 그걸 마다하니? 많이 읽고, 많이 생각하렴. 나중에 정말로 자기가 하고 싶은 일을 하기 위해서 말이다."

"오늘 정말 고맙습니다. 산타클로스 할아버지!"

소녀가 집으로 들어가자 집 안이 시끌벅적하다. '어디 갔다 이제

왔냐?'는 부모님들의 걱정어린 따뜻한 말 한마디, '필라델피아의 쥐구멍까지 찾아다녔다.'는 오빠들의 허풍 섞인 한마디, '자기들이 아끼는 옷과 가방을 줄 테니 다시는 그런 생각을 하지 말라.'는 언니들의 새침한 한마디가 흘러나온다. 온 세상이 흰 눈으로 뒤덮인 크리스마스다.

"메리 크리스마스! 호, 호, 호."

벤저민 프랭클린
다양한 책을 읽어 풍부한 지식을 쌓다

미국의 작가, 과학자, 외교관, 정치가인 벤저민 프랭클린은 1706년 1월 17일 보스턴에서 태어났다. 그는 비누와 양초를 만드는 조사이어 프랭클린과 그의 두 번째 부인인 어바이어 폴저 사이에서 15번째 아이로 태어났다. 그는 어려서 글을 일찍 깨우쳤지만, 비싼 학비 때문에 학교 교육은 2년밖에 받지 못했다. 학교를 그만둔 그는 10살 때부터 집에서 양초와 비누를 만들어 파는 일을 도왔다. 그의 아버지는 그가 책 읽기를 좋아하는 것을 알고 그를 인쇄소를 경영하는 형에게 보냈다. 그는 12살 때부터 그곳에서 일을 배우며, 《뉴잉글랜드 커런트》 신문 만드는 것을 도왔다.

형과 맞지 않았던 그는 1723년에 자신의 일을 찾기 위해 보스턴을 떠나 뉴욕을 거쳐 필라델피아로 갔다. 1724년에 런던으로 건너가 2년 후 귀국한 그는 필라데피아에 자신의 인쇄소를 차려 본격적인 사업을 시작했다. 1731년에 회원제 도서관을 열었고, 1732년에 〈가난한 리처드의 달력〉을 처음으로 발행했다.

그는 과학에도 관심이 많아 열역학, 해양학, 기상학, 그리고 전기 분야에 관한 연구를 했다. 프랭클린이 전기에 대해 연구를 했을 때는 전기에 대해 많은 연구가 돼 있던 시기가 아니었다. 그는 학교에서 과학 교육을 받지 못했지만, 그의 실험은 매우 치밀하고 정확한 것이었다. 1742년에는 성능이 좋은 프랭클린 난로를 발명해 많은 돈을 벌기도 했다. 특히 그는 1752년에 연을 이용한 실험을 해서 번개와 전기의 방전이

　동일한 것이라는 가설을 증명했다. 번개의 본질이 전기일지 모른다는 생각을 그가 처음 한 것도 아니며, 그 이론을 실험으로 처음 증명한 것도 아니었다. 그러나 그는 번개를 구름에서 끌어 내기 위해 금속으로 만든 뾰족탑이 있어야 한다고 처음으로 주장한 사람이었다. 그의 실험으로 피뢰침이 발명되어 오늘날까지 모든 건물들이 번개로부터 안전하게 되었다.

　그는 1753년에 영국의 왕립학회 회원으로 선정되었고, 코플리상을 받았으며, 식민지 체신장관이 되었다. 그 이듬해에는 올버니 회의에 펜실베이니아 대표로 참석해서 식민지 연합안을 내놓았다. 1757년부터는 식민지의 이익과 독립을 위해 영국을 오가며 힘썼다.

　1776년 7월 4일에 독립선언 기초위원에 임명되어 토마스 제퍼슨과 함께 〈미국 독립 선언서〉를 만들어 미국 독립기념일의 주역으로 이름을 알렸다. 그해 프랑스로 건너가 아메리카와 프랑스 간의 동맹을 맺고, 미국 독립을 위해 프랑스가 원조한다는 약속을 받았다. 1785년에 귀국하여 펜실베이니아 행정위원회 위원장이 되고, 1787년 헌법회의에 펜실베이니아 대표로 참석했다. 그는 각 주 사이의 대립을 조정하고, 미국 헌법의 뼈대를 만들었다. 조지 워싱턴이 미국의 초대 대통령이 된 이듬해인 1790년 4월 17일에 84세의 나이로 세상을 떠났다.

가출한 벤저민 프랭클린이 즐겨 읽은 책

인간 오성론

영국 철학자인 존 로크(1632년~1704년)가 1690년에 펴낸 4권의 책이다. 인간의 지적인 능력은 아무것도 쓰지 않은 칠판과 같다고 주장했다. 그러므로 생각이라는 것은 타고나는 것이 아니라, 밖에서 경험하는 감각과 안에서 경험하는 자기 관찰로 얻어진다고 주장했다. 이에 따라 그때까지 지배적이었던 신학적 형이상학의 실체 개념을 부정하게 됐다. 실체 개념이란 다른 것에 의존하지 않고 하늘이 내려 준 대로 존재한다는 생각인데, 존 로크는 이를 부정한 것이다. 독일의 철학자인 라이프니츠는 1704년에 《인간오성 신론》이라는 책에서 존 로크의 주장이 잘못됐다는 것을 조목조목 비판하기도 했다.

소크라테스의 추억

그리스 역사가인 크세노폰(기원전 430년~355년 경)이 쓴 철학책이다. 그는 기원전 401년에 페르시아왕의 동생인 키로스가 일으킨 전쟁에서 겪은 일을 쓴 《아나바시스》로 유명해졌다. 크세노폰은 그의 스승인 소크라테스가 국가의 신들을 믿지 않고, 청년들에게 나쁜 영향을 끼쳤다는 죄로 멜레토스에 의해 고발돼 죽자 분개했다. 그래서 그는 《소크라테스의 추억》을 통해 그것이 옳지 않은 일이라는 것을 세상에 호소했다. 총 4권으로 되어 있는데, 1권과 2권에서는 소크라테스를 고발한 자들의 주장이 사실과 다르다고 했다. 3권과 4권에서는 소크라테스의 일상적인 언행을 통해 간접적으로 그들의 주장이 잘못되었다는 것을 반박했다. 이 책은 소크라테스의 제자인 플라톤의 《소크라테스의 변명》과 짝을 이루고 있다.

프랭클린의 13가지 덕목

1. **절제** : 배부르도록 먹지 마라. 취하도록 마시지 마라.
2. **침묵** : 남이나 자기에게 유익하지 않은 말은 하지 마라. 쓸데없는 말도 하지 마라.
3. **질서** : 모든 물건은 제자리에 두어라. 모든 일은 때를 정해 놓고 하라.
4. **결단** : 해야 할 일은 과감하게 결심해라. 결심한 일은 반드시 해라.
5. **절약** : 남이나 자기에게 이득이 없는 일에는 돈을 쓰지 마라. 낭비하지 마라.
6. **근면** : 시간을 낭비하지 마라. 항상 유익한 일을 해라. 불필요한 일은 끊어 버려라.
7. **진실** : 남을 속여 해치지 마라. 깨끗하고 공정하게 생각해라. 말할 때도 그렇게 해라.
8. **정의** : 남에게 피해를 주거나, 당연히 해야 할 은혜를 베풀지 않는 잘못을 하지 마라.
9. **중용** : 극단을 피하라. 당연하다고 생각되면 남이 비난하는 것을 참아라.
10. **청결** : 몸, 옷, 집에 더러운 것이 있으면 그대로 두지 마라.
11. **침착** : 사소한 일, 보통 있는 일, 피할 수 없는 일에 들뜨지 마라.
12. **순결** : 건강과 자손을 위해서만 부부생활을 해라.
13. **겸손** : 예수와 소크라테스를 본받아라.

모교를 방문한 꼴찌, 처칠 총리

책에서 읽은 좋은 단어와 문장을 외우다

"총리 각하! 출발할 준비가 됐습니다."

1941년 10월 29일.

오랜만에 내리쬐는 화창한 햇빛을 받으며 다우닝가 10번지를 나선다. 1732년, 조지 2세가 로버트 월폴 총리에게 이 집을 하사하면서 영국 총리의 관저가 된 곳이다. 내가 이런 역사적인 곳의 주인공이라니. 더욱이 오늘은 해로우 학교에서 〈졸업생 모교 방문〉행사가 있는 날 아닌가. 67살의 영국 총리가 14살 무렵의 꼴찌 시절로 돌아가는 길이다. 타임머신을 탄 느낌이다.

"총리님 차다."

내 차를 경호하는 오토바이들이 불을 번쩍이며 해로우 학교에 들어선다. 학생들이 교문에서부터 학교 건물까지 양쪽으로 도열해 있다. 앳되지만 늠름한 학생들의 '와!' 하는 환호성이 하늘을 찌른다. 건물 옥상에서는 평화를 상징하는 비둘기 떼가 후드득 날아오른다. 제2차 세계대전을 치르고 있는 요즘, 평화처럼 절실한 단어도 없을 것이다. 하늘엔 영광, 땅에는 마음 착한 이들에게 평화가 있길 빌며 손을 흔든다.

교장실은 교사와 학생 대표들로 발 디딜 틈도 없다. 창문에도 학생들이 달라붙어 그야말로 인산인해다. 교장 선생님이 오늘 일정을 안

- 하사 임금이 신하에게 또는 윗사람이 아랫사람에게 물건을 줌.
- 관저 정부에서 장관급 이상의 고관들이 살도록 마련한 집.
- 인산인해 사람이 산을 이루고 바다를 이루었다는 뜻으로, 사람이 수없이 많이 모인 상태를 이르는 말.

내한다.

"전교생을 대상으로 하는 연설을 하시기 전에 잠시 학생 대표들과 대화하는 시간을 갖는 것이 어떨까 합니다."

"그러죠. 그런데 아직도 열등반이 있습니까?"

순간 교장 선생님이 주위를 돌아보며 어쩔 줄 몰라 한다.

"여, 열등반요? 공부를 따라가지 못하는 학생들을 따로 모아 가르치는 반이 있기는 합니다만."

"그럼 학생 대표 대신 그 반 학생들과 잠시 얘기했으면 합니다."

"네에?"

교장실에 있던 교사들과 학생 대표들이 쓰러질 듯이 놀란다. 교장 선생님은 내가 일부러 수준 낮은 학생들을 만나 무슨 트집이라도 잡으려고 하는 게 아닌가 의심하는 눈치다.

"혹시, 무슨 특별한 이유라도?"

"열등반 학생들과 개인적으로 이야기를 나누고 싶어 그럽니다. 별 문제가 없다면 말이죠."

"무, 문제는 없습니다만, 왜 하필 지진아들이죠? 여기 똘똘한 학생 대표들이 있는데요."

"이 반듯한 학생들하고는 이따 연설장에서 얘기하면 되죠. 안 그런가요? 껄껄."

모두 고개를 갸우뚱하는 가운데, 열등반 담임선생님이 교실로 안

지진아 학습이나 지능의 발달이 더딘 아동.

내한다. 복도 맨 끝 후미진 곳에 있는 교실에 들어서자 아무 반응이 없다. 여느 반 같았으면 총리가 자기 반에 왔다고 소리치고 난리 법석일 텐데. 이십여 명의 학생들은 너무 놀란 나머지 그저 입만 떡 벌리고 있다. 하긴 총리가 열등반에 오리라고는 꿈에도 생각하지 못했으리라.

"여러분, 만나서 반가워요!"

내가 손을 들어 인사를 건네자 그제야 학생들이 반응한다.

"와! 총리님이다."

"영광이에요, 총리님. 히히."

"우아, 너무 멋지다. 그렇지?"

까만 외투에 까만 중절모 차림을 하고 지팡이를 짚은 내가 멋지단다. 하긴 땡땡이 무늬 나비넥타이를 아무나 하나. 학생들의 순박한 칭찬에 기분이 우쭐해진다. 그 옛날 이 학교 다니던 시절에 이런 칭찬을 들었더라면 얼마나 신났을까.

"여러분, 학교생활이 즐거운가요?"

내가 던진 한마디에 교실 안이 찬물을 끼얹은 듯 고요해진다.

"난 오십여 년 전, 이 학교에 다닐 때 즐겁지 않았어요. 아니, 괴로웠다는 말이 맞겠네요. 공부가 재미없었거든요."

"치! 설마? 우리 듣기 좋으라고 일부러 그러는 거지 뭐."

"흥! 거짓말도 단수가 있다는데, 저 정도면 구단은 되겠다."

내 말이 믿기지 않는 모양이다. 그럴 만도 하다. 대영제국의 총리에게 그런 어두운 과거가 있었다는 걸 믿을 사람이 어디 있겠는가.

"난 이 학교에 입학할 때부터 졸업할 때까지 열등반이었어요."

"……."

"그래도 입학할 때, 내 밑으로 두 명이 있었어요. 나도 나름대로 자부심은 있었다고요. 험 험."

"……."

너스레를 떨어도 아무 반응이 없다. 난 기가 꺾인 학생들에게 반듯하게 설 수 있는 용기를 주려고 이 자리에 섰다. 요즘 난 독일군 폭격기가 런던을 공격할 때, 방공호가 아닌 옥상으로 뛰어간다. 독일군이 저지르는 못된 짓을 내 눈으로 직접 확인하기 위해서다. 이런 용기가 우리 국민에게 힘을 주는 게 아닌가. 이들 마음속에 들어가 용기를 주기 위해서는 내가 솔직해져야 한다.

"아, 그런데 어느 날 내 밑에 있던 그 녀석들이 공부하기 싫다고 자퇴해 버린 거예요."

"……."

"그래서 난 하루아침에 실력에 상관없이 꼴찌가 되고 말았어요. 세상에 그렇게 억울한 경우는 난생처음이었어요. 나 원 참, 기가 막혀서. 껄껄."

"진짜 억울하셨겠네요. 히히."

맨 앞줄에 앉은 곱슬머리 학생이 드디어 입을 열었다. 이제 됐다.

"그것뿐이면 말도 안하죠. 지금은 그렇지 않지만, 그때 난 키도 작은

방공호 적의 항공기 공습이나 대포, 미사일 따위의 공격을 피하기 위하여 땅속에 파 놓은 동굴.

데다 팔다리는 피노키오처럼 가늘고, 가슴은 피자처럼 납작했어요."

"그럼 여자 친구도 없었겠는데요? 헤헤."

"말도 말아요. 여자 친구 사귀는 건 꿈도 못 꿨죠. 공부는 꼴찌지, 몸은 비실하지. 껄껄껄."

중간에 앉은 얼굴이 갸름한 학생이 슬슬 구미가 당기는 모양이다.

"그럼 총리님은 원래 그렇게 공부를 못하셨어요?"

"난 여덟 살 때 성 조지 초등학교에 입학했어요. 그런데 난 역사와 지리는 좀 따라갔는데, 라틴어와 수학은 빵점을 받다시피 했어요."

"그럼 거의 왕따였겠네요?"

"네, 왕따였어요. 아버진 날 지진아라고 거들떠보지도 않으셨고, 어머니는 사교 활동 하시느라 별 관심을 갖지 않으셔서 난 학교에서 말썽꾸러기로 유명했고, 종종 교장실에 끌려가 매를 맞곤 했어요."

그 어린 시절 이십여 대씩 매를 맞는 고통은 당해 보지 않은 사람은 모른다. 매 맞는 아픔보다도 전교생이 밖에서 그 비명 소리를 듣는다고 생각하면, 지금도 수치심에 얼굴이 달아오른다. 뒤쪽에 앉은 덩치 큰 학생이 빈정대는 투로 묻는다.

"그럼 총리님은 무슨 즐거움으로 학교를 다니셨나요? 공부도 못해, 몸도 부실해, 게다가 매까지 맞으면서요."

"유일한 낙은 시집을 읽고 암송하는 거였어요. 시를 읽으면 마음이 따뜻해졌거든요. 성 조지 초등학교 때도 그랬지만, 해로우 학교에 와서도 그랬죠."

"그럼 칭찬받은 적은 한 번도 없나요?"

"딱 한 번 있었어요. 토머스 매콜리의 〈고대 로마의 노래〉라는 천 이백 행이나 되는 시를 한 줄도 안 틀리고 암송한 적이 있었어요."

잠자코 있던 학생들이 웅성거린다. 이때 복도 쪽에 앉은 창백한 얼굴을 한 아이가 뭔가를 기대하는 듯이 묻는다.

"그래서 어떻게 됐어요?"

"난생 처음 상을 받았답니다. 어험."

학생들이 박수를 치며 축하해 준다. 그때의 감격이란 이루 말할 수 없었다. 그렇게 칭찬받으며 자랐다면 내 어린 시절이 그토록 고통스럽지는 않았을 것이다.

"아버진 내가 천오백 개의 장난감 병정을 역사적 사실에 맞게 배치해 놓은 걸 보고 군인이 되라고 하셨어요. 그러나 사실은 법관이 될 머리가 안 된다고 생각하셨던 거죠. 그래서 여길 졸업한 뒤 육군 사관학교에 들어가려고 시험을 봤지만, 그게 어디 쉽나요?"

"열등반에서 육군 사관학교라니, 주제 파악이 안되셨네요. 히히."

"꼴찌가 육군 사관학교를 가면, 난 하버드대학에 가겠다. 헤헤."

학생들이 저마다 혀를 찬다. 하긴 그럴 만도 하다. 육군 사관학교를 아무나 가나. 가운데 앉은 콧날이 오똑한 학생이 바싹 다가앉으며 묻는다.

"그래서 어떻게 하셨어요?"

"세 번 만에 간신히 붙었죠. 껄껄. 그런데 샌드허스트에 들어가고 나서야 내가 무엇을 해야 할지 비로소 알았어요. 중요한 게 뭔지를 알았던 거죠. 그래서 군사학을 죽어라 공부했고, 승마를 하루에 여덟 시간이나 연습하기도 했어요."

"그럼 모범생이 되신 거네요."

"물론 그렇다고 할 수 있죠. 백오십 명 중에서 팔등으로 졸업했으

샌드허스트 영국 육군 사관학교의 이름. 미국의 웨스트포인트 사관학교, 프랑스의 생시르 사관학교와 함께 세계 3대 사관학교로 꼽힌다.

니까요."

학생들이 믿기 어렵다는 듯이 바라본다. 제법 어깨가 벌어진 학생이 맨 뒤에서 일어나며 어른스럽게 묻는다.

"그럼 육군 사관학교를 좋은 성적으로 졸업한 게 총리가 될 때 많은 힘이 됐나요?"

"그것 참 어려운 질문이군요. 내가 힘을 갖게 된 건 전혀 다른 데 있어요."

"그게 뭐죠?"

"난 스물두 살 때, 인도에 있는 방갈로르 영국 식민지 부대에서 장교로 근무했어요. 그런데 거기서 만난 내 또래의 대학 졸업생들과 대화하면서 내가 얼마나 무식한지를 깨닫게 됐죠. 그들이 말하는 걸 거의 알아들을 수 없을 정도였으니까요."

"그래서요?"

"난 그때부터 나만의 대학을 차렸어요."

"대학을요? 어디다가요?"

"내 가슴속에 내가 이끌어 가는 학교를 만들었죠. 그러곤 문학, 역사, 철학, 법학, 신학, 윤리학, 경제학, 정치학에 관한 책들을 미친 듯이 읽기 시작했어요. 한여름 찌는 듯한 더위 속에서도 하루에 네다섯 시간씩 책을 읽었으니까요."

학생들의 눈이 반짝인다. 창밖만 내다보며 들은 척하지도 않던 얼굴이 까무잡잡한 학생도, 책상에 엎드려 딴짓을 하던 머리 짧은 학생도 비로소 나를 똑바로 본다.

"난 우선 읽어야 할 책 목록을 만들어서 걸작부터 읽었어요. 지식인이라면 누구나 '아, 그 책!' 하고 떠올리는 각 분야의 명작부터 읽기 시작했죠."

"어떤 책들이었나요?"

"음, 기억나는 대로 꼽아 볼까요? 아담 스미스의 《국부론》, 쇼펜하우어의 《염세철학 입문》, 블레이즈 파스칼의 《시골 친구에게 보내는 편지》, 빅토르 앙리 로쉬포르의 《비망록》, 윈우드 리드의 《인간의 순교》, 윌리엄 레키의 《유럽의 도덕》과 《합리주의 등장과 영향》, 토머스 로버트 맬서스의 《인구론》, 로날드 라잉의 《현대과학과 현대사상》, 헨리 포셋의 《정치경제 입문서》, 헨리 핼럼의 《헌법의 역사》를 읽었고. 그리고 또 뭐가 있더라? 아, 찰스 다윈의 《종의 기원》도 읽었어요."

학생들이 입을 떡 벌린다. 교장 선생님과 담임선생님은 이제야 내가 이 학급에 온 이유를 알아차리는 듯하다.

"또한 《영국 연감》 백 권 가운데 스물일곱 권을 읽었는데, 내 생각을 여백에 적어 넣으며 꼼꼼히 읽었어요. 나라면 그 상황에서 어떻게 했을 것인지를 염두에 두고 읽었던 거죠. 그 뒤론 책을 읽을 때마다 내가 주인공이라면 나는 어떤 길을 선택했을까를 생각했어요. 그건 바로 날카로운 칼로 나를 무장하는 일이었어요."

머리 짧은 학생이 놀라며 묻는다.

"칼로 무장을 해요?"

"난 세상에 두 발로 설 아무런 힘이 없었어요. 물론 허우대는 멀쩡

해서 영국군 장교복을 입고 그럴듯하게 다니긴 했지만요."

"그게 세상을 다스리는 힘이 아닌가요?"

"나도 육군 사관학교를 졸업하고 인도에 갈 때까지는 그런 줄 알았죠. 군복을 두른 화려한 장식과 옆구리에 찬 긴 칼, 그리고 번쩍이는 가죽 장화와 단단하고 우뚝한 모자가 세상을 다스리는 힘인 줄 알았어요. 그런 복장으로 말을 타고 다니며 으쓱댄 거예요. 그러나 유식한 친구들과 대화하면서 그건 겉만 그럴듯하지 속은 텅 빈 것이라는 걸 깨달았어요."

이번엔 얼굴이 까무잡잡한 학생이 자세를 고쳐 앉으며 묻는다.

"그럼 진짜 힘은 뭔가요?"

"세상을 보는 눈을 기르는 거죠. 마음을 열어 세상을 받아들이고, 세상을 바꿀 만한 힘을 기르는 일 말예요. 바로 독서죠."

학생들이 비로소 고개를 끄덕인다. 진지한 분위기다. 말이 나온 김에 좀 더 해야겠다.

"그때 난 플라톤의 《공화국》, 에드워드 기번의 《로마제국 쇠망사》와 《나의 삶, 나의 글》, 토마스 매콜리의 《영국사》와 《에세이》 같은 책들을 인상 깊게 읽었어요. 이 책들이야말로 칼을 휘두를 수 있는 근육을 단련시켜 주었거든요."

"……."

"난 바싹 마른 스펀지가 물을 빨아들이듯이 그 당시 교양서적이라 하는 책들을 힘껏 흡수했어요. 그 덕분에 짧은 기간에 다양한 지식을 쌓을 수 있었죠. 대학생들이 교양으로 읽는 책들을 그때 다 읽은 것 같아요. 남들에 비해 조기 졸업한 셈이죠. 껄껄."

이때 안경을 매만지던 학생이 호기심 어린 눈초리로 묻는다.

"그렇게 책을 읽은 다음에 뭐가 바뀌었나요?"

"글쎄요. 어려서부터 항상 자신이 없고, 주눅 들어 있던 내가 세상을 긍정적으로 바라보게 됐어요. 자신감이 생기니까 마음의 여유도 생기고요. 아무리 어렵고 힘든 때에도 유머를 잃지 않게 됐으니까요. 내가 지금까지 손에서 책을 놓지 않는 이유죠."

머리를 긁적이던 금발 머리 학생이 더 참을 수 없다는 듯이 입을 연다.

"그럼 총리님은 저희 나이 또래 때는 어떤 책을 읽으셨어요?"

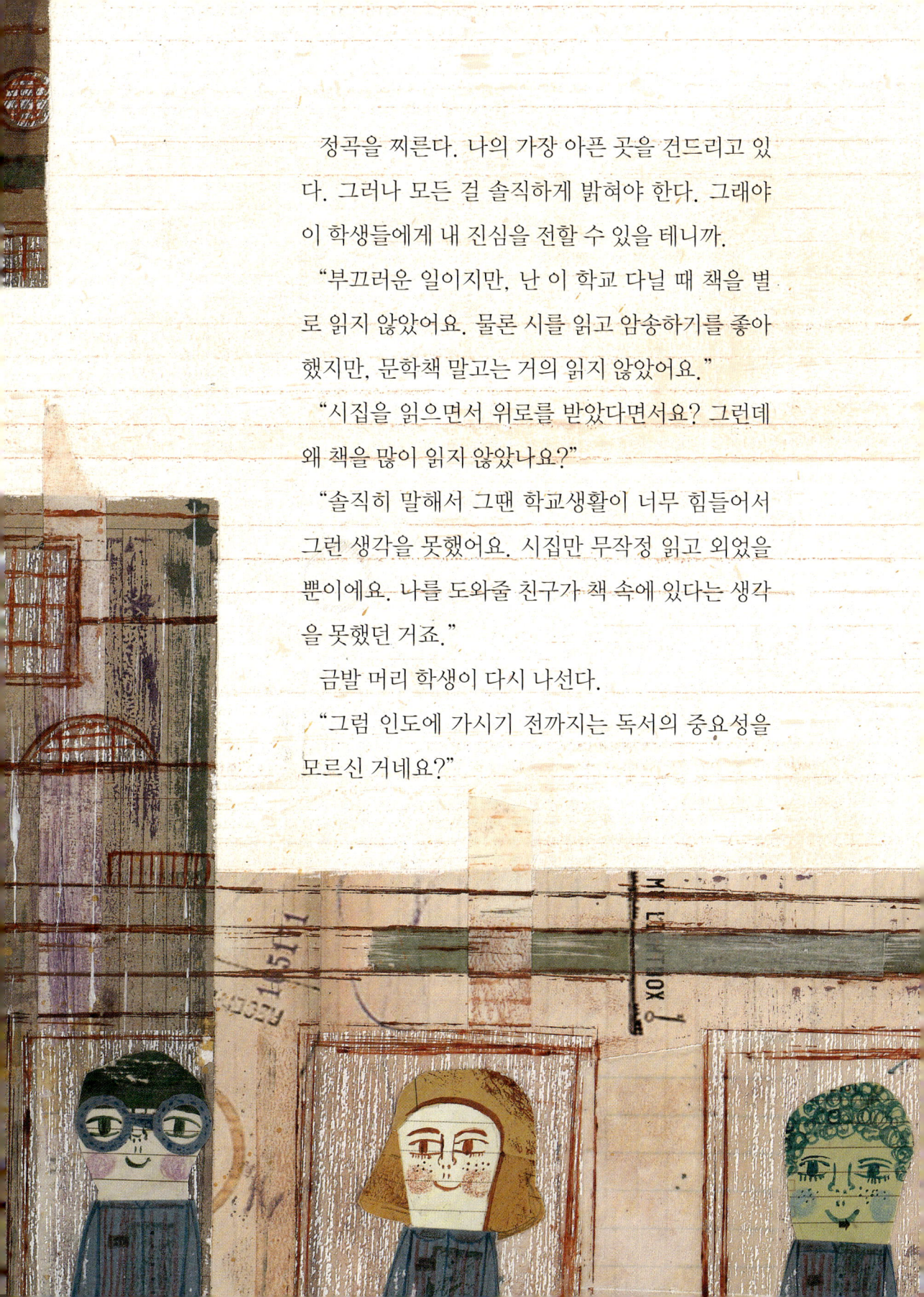

정곡을 찌른다. 나의 가장 아픈 곳을 건드리고 있다. 그러나 모든 걸 솔직하게 밝혀야 한다. 그래야 이 학생들에게 내 진심을 전할 수 있을 테니까.

"부끄러운 일이지만, 난 이 학교 다닐 때 책을 별로 읽지 않았어요. 물론 시를 읽고 암송하기를 좋아했지만, 문학책 말고는 거의 읽지 않았어요."

"시집을 읽으면서 위로를 받았다면서요? 그런데 왜 책을 많이 읽지 않았나요?"

"솔직히 말해서 그땐 학교생활이 너무 힘들어서 그런 생각을 못했어요. 시집만 무작정 읽고 외었을 뿐이에요. 나를 도와줄 친구가 책 속에 있다는 생각을 못했던 거죠."

금발 머리 학생이 다시 나선다.

"그럼 인도에 가시기 전까지는 독서의 중요성을 모르신 거네요?"

"맞아요. 책 속에 온 세상이 다 들어 있다는 걸 깨달은 건 스무 살이 넘어서였죠. 만약 조금 일찍 깨달았다면 어린 시절을 그렇게 힘들게 보내지 않았을 거예요. 그리고 총리도 좀 일찍 되지 않았을까요? 껄껄."

고개를 끄덕이던 곱슬머리 학생이 망설이다 묻는다.

"그럼 어떻게 책을 읽어야 힘이 길러지나요?"

"오, 참 좋은 질문이네요. 난 한 번에 여러 가지 책을 읽었어요. 다양하게 생각하는 게 좋았거든요. 지금도 그렇지만요."

"그럼 정신이 없지 않나요? 한 번에 한 권만 읽어야 머리에 쏙쏙 들어올 텐데요."

"젊은 시절, 내 머릿속은 사막과 같아서 어떤 큰 비가 와도 다 받아들일 정도였어요. 목마른 낙타가 오아시스에 도착해서 물을 마시는 꼴이었죠. 그 모습이 상상이 되나요? 신이 나서 엉덩이를 흔들며 허겁지겁 물을 빨아들이는 낙타. 껄껄껄."

학생들이 모두 깔깔대며 웃어 젖힌다. 일시에 터지는 웃음소리와 책상 두드리는 소리에 옆 반 학생들이 몰려와 창문에 매달려 교실 안을 들여다본다.

"그리고 바틀렛의 《인용문 사전》 같은 책은 여러 번 반복해 읽으면서 암기했어요. 좋은 단어와 문장을 많이 외워 두면 생각하는 힘과 표현하는 힘이 길러지거든요. 좋은 글을 많이 읽어야 좋은 글을 쓸 수 있다는 게 바로 그런 이치죠."

맨 앞에 앉아 한마디도 안하고 고개만 끄덕이던 자그마한 학생이 한마디 던진다.

"그렇게 하려면 총리님 말씀처럼 책을 외우는 게 좋은데, 그럴 수 없을 땐 어떻게 하죠?"

"그럼 메모를 하면 되죠. 언제든 꺼내 보며 되새겨 볼 수 있으니까요. 책을 읽으면서 메모하던 습관이 이제는 생활이 됐어요. 언제든 아이디어가 떠오르면 그 자리에서 메모하거든요."

담임선생님이 흐뭇한 미소를 띠며 나선다.

"이제 시간이 다 됐습니다. 마지막으로 저희 반 학생들에게 한 말씀만 더 해 주시면 감사하겠습니다."

"세상 사람들은 나의 화려한 면만 볼 뿐이에요. 난 어린 시절부터 수많은 고통과 좌절을 맛봤어요. 그러나 난 그 아픔과 슬픔 속에서 언제나 마침표 대신 쉼표를 찍어 두었어요. 끝이 아니라 잠시 쉬어 가는 거라고 생각했던 거죠."

"……."

"우린 어려움으로부터 내일의 힘을 키울 방법을 배워야 해요. 지금부터 책을 읽으면서 피와 눈물과 땀을 흘리세요. 책은 여러분에게 세상에 우뚝 설 수 있는 칼을 쥐어 줄 것이며, 또한 그 칼을 휘두를 수 있는 강한 근육을 만들어 줄 거예요. 여러분은 지금 출발선에 섰어요. 포기하지 마세요! 절대로!"

교실이 후끈 달아오르고, 학생들의 눈이 밝게 빛난다. 교실 밖 파란 하늘에 하얀 비둘기 떼가 수를 놓는다. 무리에서 뒤처져 힘겹게 따라가는 녀석이 있다. 꼴찌다. 힘내라, 힘, 꼴찌 화이팅!

처칠 총리
책으로 자신감과 마음의 여유를 찾다

　　처칠은 1874년 11월 30일에 영국 옥스퍼드주 블레넘궁에서 태어났다. 아버지 랜돌프 처칠 경은 말버러 공작 7세의 셋째 아들로 재무장관과 하원의 보수당 당수를 했으며, 어머니 제니 제롬은 미국인으로서 뉴욕의 은행가인 레너드 월터 제롬의 딸이다. 아버지는 처칠을 지진아로 여겼고, 어머니는 사교 활동을 하느라 그에게 관심을 둘 시간이 없었다. 유모인 에버레스트가 그를 지극 정성으로 돌봐 주었다.

　　8살 때 애스콧에 있는 성 조지 초등학교에 입학했다. 그러나 부모의 무관심과 교장의 매질로 불행하게 지냈다. 방학 때 매 자국을 발견한 그의 부모가 브라이튼에 있는 사립학교로 전학시켰다. 1888년에 해로우 학교 입학시험에서 라틴어 과목을 백지로 내다시피 했으나, 웰든 교장이 그의 가능성을 보고 입학시켰다. 재학 내내 열등 학급에서 공부했으며, 영어를 세 번씩이나 수강해야 했다. 뒷날 처칠은 그 덕에 영어의 기초를 완전히 습득할 수 있었고, 그것이 그의 글과 연설에 많은 도움이 되었다고 한다.

　　그는 명문 귀족의 후손이었지만, 성적이 나빠 대학 진학을 할 수 없었다. 그의 아버지는 그가 군인 이외의 직업은 맞지 않는다고 생각하여 샌드허스트 육군 사관학교에 진학시키려 했다. 그러나 번번이 시험에서 떨어지다 1893년에 세 번째 시험을 치른 후 입학했다. 이후 그는 군사 과목에서 우수한 성적을 받았으며, 150명 중 8등으로 졸업했다.

　　육군 사관학교를 졸업한 직후인 1895년에는 제4경기병 연대에서 군복

무를 시작했다. 그해 휴가를 얻어 쿠바에 건너가 반란 진압 작전을 수행하고 있던 스페인 군을 관찰했다. 1896년에는 인도에 파견돼 독학하기 시작했고, 1898년에는 수단에 파견돼 전투를 치렀다. 1899년 보어전쟁 때 〈모닝 포스트〉지의 종군 기자로 남아프리카에 갔다. 트랜스발 공화국의 보어인들이 영국군 철수를 요구하는 현장을 취재하기 위해서였다. 그는 도착하자마자 보어인의 포로가 되었다. 그러나 곧 포로수용소에서 탈출해 이듬해 7월에 살아 돌아와 국제적인 유명 인사가 됐다. 그 여세로 1900년 10월에 올드햄에서 보수당으로 출마하여 하원의원에 당선되었고, 그때부터 그의 정치 인생이 시작되었다.

　1908년 통상부 장관에 이어 내무부 장관을 거쳐 해군부 장관을 했다. 1917년 군수부 장관, 1919년 육군부 장관, 1921년 식민처 장관이 되었다. 1929년 나치즘에 대한 체임벌린 내각의 유화정책을 비판하다 사퇴하고, 집필에만 몰두했다. 1939년에 제2차 세계대전이 일어나자 다시 해군부 장관이 됐고, 1940년에 마침내 총리가 되었다. 이 시기에 그는 강력한 지도력을 발휘해 전쟁을 승리로 이끌었다. 1945년에 전쟁에서는 승리했으나, 선거에서 패배하여 총리직에서 물러났다. 1951년에 다시 총리가 되었다가 1955년에 은퇴했다. 그는 많은 글을 집필해, 1953년에 《제2차 세계대전》이라는 책으로 노벨 문학상을 받았다. 1965년 1월 24일 세상을 떴다.

꼴찌 처칠 총리가 즐겨 읽은 책

시골 친구에게 보내는 편지

프랑스의 수학자, 물리학자, 철학자, 종교 사상가인 파스칼(1623년~1662년)이 쓴 서간문이다. 초기 프랑스 문학의 모델로 평가될 정도로 명문이다. 당시 프랑스의 가톨릭교회 안에서는 정치적 주도권을 쥐고 있던 예수회와 포르-루아얄파(얀센파) 사이에 신학상의 심각한 논쟁이 벌어졌다. 이때 파스칼도 그 논쟁에 말려들었다. 그는 《시골 친구에게 보내는 편지(프로뱅시알)》라는 제목의 서간체 글을 이름을 밝히지 않고 간행하여 예수회의 타락한 도덕과 비양심적인 윤리관을 신랄하게 비판했다. 이 서한문은 포르-루아얄의 동료인 아르노를 변호하기 위해 쓴 것이다. 1656년 1월부터 이듬해 3월까지 18편의 서한문을 발표했다. 파스칼은 이 서한문에서 경쾌하고 솔직한 표현을 써서 프랑스어의 새로운 문체를 만들어 냈다. 1657년 엑스 의회는 이 서한문을 금서로 지정했다.

영국 연감

연감은 1년 동안에 일어난 사회 전반의 모든 사항에 대해 주요 자료와 통계 등을 요약 정리한 책이다. 1년마다 간행되어 이어북(yearbook)이라고도 한다. 미래를 연구하고 조사하는 데 편리하도록 한 정기 간행물이다. 정치, 경제, 사회, 문화 등을 포함하는 종합연감이 있고, 《출판연감》, 《종교연감》, 《무역연감》처럼 특정 분야에 관한 전문연감이 있다. 모두 기록성과 자료성을 중요시하고 있다. 연감의 기원은 영국과 스칸디나비아 제국에서 중세에 이용한 막대 달력인데, 여기에는 해와 달과 별들의 움직임이 기록되어 있었다. 연감이라는 이름을 처음으로 사용한 책은 영국의 《법률연감》으로 1292년부터 1534년까지의 재판사례를 담았다. 사회일반을 다룬 연감으로는 1759년에 나온 《애뉴얼 레지스터》가 가장 오래됐다. 처칠이 읽은 연감은 바로 이 《애뉴얼 레지스터》다. 영국에서 창간된 이 연감은 오늘까지도 간행되고 있어 최장수 기록을 유지하고 있다.

국부론

영국의 고전파 경제학의 시조인 아담 스미스(1723년~1790년)가 1776년에 발간한 책이다. 이 책은 리카도의 《경제학 및 과세의 원리》, 마르크스의 《자본론》, 케인즈의 《고용, 이자 및 화폐의 일반이론》과 더불어 경제학의 4대 고전 중의 하나로 손꼽힌다. 10년에 걸쳐 완성한 이 책에서 스미스는 노동이 부의 근원이며, 노동생산력을 높임으로써 부가 늘어난다고 주장하고, 분업을 중요시했다. 그는 자본의 축적이 필요하며, 자유경쟁으로 자본을 축적하는 것이 나라의 부를 늘이는 길이라고 주장했다. 그가 이 책을 출판할 당시의 영국은 산업 혁명이 시작될 무렵이었다. 영국은 농업 국가로 식량을 수출하고 있었으며, 공업은 단순한 차원의 직물 공업 정도였다. 이런 가운데 새로운 산업 자본가와 일반 시민들은 자유로운 경제 활동을 원하고 있었다. 아담 스미스는 이러한 시기에 산업 자본주의에 들어맞는 이론을 내놓았던 것이다.

인구론

영국의 고전파 경제학자인 맬서스(1766년~1834년)가 1798년에 이름을 숨기고 출판한 책이다. 넘치는 인구에 대한 대책을 주장했는데, 아이를 제한해서 낳자는 산아 제한의 바탕이 됐다. 그는 인구의 증가가 기하급수적인 데 비해, 물자는 산술급수적으로만 증가하므로 넘치는 인구로 인해 점점 가난해질 것이라고 주장했다. 넘치는 인구로 인해 식량이 부족해질 것이며, 그로 인해 가난과 죄악이 발생한다는 것이다. 5년 뒤에는 역사적, 통계적 자료를 추가하고, 자신의 이름을 넣어 제2판을 발행했다. 여기서는 인구를 억제하는 방법으로 문란한 성을 막고 결혼 시기를 늦추자는 주장을 했다. 1826년 제6판까지 내면서 점차 정치, 경제 문제가 추가됐다. 맬서스의 사상은 정통파 경제학의 기반이 되었을 뿐만 아니라, 찰스 다윈의 진화론에도 영향을 주었다.

문학 캠프에 간 헤르만 헤세

마음에 드는 책부터 읽기 시작하다

"노래는 즐겁구나 산 너머 길
나무들이 울창한 이 산에
가고 갈수록 산새들이 즐거이 노래해."

활활 타오르는 모닥불을 가운데 놓고 삥 둘러앉은 소녀들의 노랫소리가 상큼하다. 오늘은 1931년 여름. 한 독일 문학 잡지사가 마련한 〈작가와의 만남 문학 캠프〉가 무르익어 간다. 난 오늘 라인 강가 주변의 호화스런 별장에서 1박 2일 동안 열리는 이 행사에 초대됐다.

흥겨운 가락이 어둠이 내린 라인 강을 타고 흐른다. 십여 명의 어린 문학소녀들은 오전엔 너도밤나무와 참나무가 우거진 숲에서 나에게 글쓰기 강의를 들었다. 그리고 오후엔 파랗고 빨간 센토레아가 가득 핀 들판과 강가에서 신나게 뛰놀았다.

모닥불의 열기와 소녀들의 발랄함을 보자마자 독서 요령이 빼곡히 적힌 종이를 주머니에 쑤셔 넣고 만다. 내 생각을 자연스럽게 말해 주는 게 좋을 듯싶어서다.

잡지사의 젊은 여기자가 의자에서 일어나 말문을 연다.

"이제 여러분들이 가장 기다리던 시간이에요. 유명 작가이신 헤르만 헤세 선생님과 터놓고 이야기하는 시간이랍니다. 그동안 책을 읽으면서 궁금했던 점이나 훌륭한 작가가 되기 위해서 뭘 준비해야 하는지를 거리낌 없이 여쭤보세요."

어린 소녀들이 노래 부를 때와는 달리 선뜻 나서지 않는다. 나만 바라보고 있다. 아무래도 내가 먼저 시작해야겠다.

"난 어릴 적에 여러분처럼 예쁜 소녀들과 캠핑 가는 게 꿈이었어요. 그런데 오늘에서야 그 꿈이 이루어져서 너무 설레고 기뻐요."

내 말이 끝나기가 무섭게 소녀들이 키득거린다.

"들었니? 우리 보고 예쁘대. 헤헤."

"보는 눈이 있으신 거지 뭐. 호호."

"어머, 설레신대. 어쩌니? 킥킥."

예상치 못한 소녀들의 반응에 당황스럽다. 이때 대학생이라고 해도 믿을 정도로 성숙해 보이는 소녀가 다소곳이 말한다.

"저도 옛날부터 선생님처럼 유명한 작가를 만나는 게 꿈이었어요. 그런데 오늘에서야 그 꿈이 이루어져서 너무 설레고 기뻐요. 호호호."

그러자 둘러앉은 소녀들이 한꺼번에 발을 구르고 손뼉을 치며 까르르 웃는다. 어디선가 그 소리에 놀란 산새 한 마리가 짹 소리와 함께 푸드득 하고 날갯짓을 한다. 아마도 오전 강의가 끝난 뒤 나를 골려 주기로 서로 약속을 한 듯하다. 여학생들의 짓궂지만, 얄밉지 않은 장난에 말려들었다.

당황한 잡지사 여기자가 어수선한 분위기를 가라앉히기 위해 일어난다. 내가 웃으며 그러지 말라고 손짓을 하자, 엉거주춤하게 다시 자리에 앉는다.

"장난꾸러기 예비 작가들이 놓은 덫에 걸려들었네요. 하하하."

얼굴이 까무잡잡한 소녀가 명랑한 목소리로 묻는다.

"선생님은 어릴 적에 얌전한 모범생이셨죠?"

"아뇨. 그 반대였어요. 엄청난 개구쟁이였어요."

또다시 술렁인다. 아마도 나 같은 유명 작가는 어려서부터 공부만 한 걸로 아는 모양이다.

"어느 땐가 돌을 던지며 노는 데 재미를 붙인 적이 있었어요. 그러자 어머니께서 날 붙들고 그러지 말라고 꾸지람하셨어요. 그때 내가 뭐라고 한 줄 아세요?"

머리를 곱게 딴 소녀가 급히 묻는다.

"뭐라고 했는데요?"

"다윗도 돌팔매질을 잘해서 골리앗을 물리치지 않았나요? 나도 돌 던지기 연습을 열심히 해서 이 세상의 못된 악당들을 전부 부숴 버린다고 했죠. 험 험."

"그랬는데요?"

"그 다음날 돌을 잘못 던져 악당이 아니라, 옆집 유리창을 와장창 부숴 버렸지 뭐예요."

"어머, 그래서요?"

"악당들은 멀쩡하게 살아 있는데, 나만 엄청 두들겨 맞았죠 뭐. 그때 살아난 게 기적이에요. 하하하."

내 허풍에 소녀들이 깔깔대며 웃는다. 안절부절못하던 잡지사 여기자도 마침내 웃음을 터트리고 만다. 모두 예전부터 알고 지내던 친구들 같다. 단발머리 소녀가 웃음을 머금고 나선다.

"그렇게 개구쟁이였으면 책 읽을 시간도 없었겠네요?"

"물론이죠. 그러던 어느 날이었어요. 아버지 서재에 들어갔는데, 거기 무화과가 몇 개 있는 거예요. 난 아버지 허락도 받지 않고 그걸 모두 다 먹어 치웠어요."

"에이, 그건 나쁜 짓인데."

"맞아요. 도둑질한 거나 다름없죠. 난 그 벌로 그날 다락방에 갇혀 있어야만 했어요. 그런데 하늘이 무너져도 솟아날 구멍이 있다는 말이 맞았어요. 심심해 죽겠는데, 헌 궤짝 하나가 눈에 띄더라고요. 책이 가득 차 있는."

"무슨 책들이었는데요?"

"전부 딱딱하고 재미없는 책들이었는데, 그중 맨 밑바닥에 웬 도둑 두목에 대한 책이 있는 거예요. 난 그 책을 단숨에 다 읽어 버렸어요. 그리고 그때부터 책 읽는 맛을 알게 됐죠."

"책과 인연을 맺은 것도 개구쟁이답네요. 호호."

시원스런 파란색 원피스를 입은 소녀가 입을 연다.

"그럼 언제 작가가 되려고 결심하셨어요?"

"부모님은 내가 성직자가 되길 원하셨어요. 그래서 열네 살 때 마울브론 수도원 신학교에 들어갔죠. 그런데 난 반년도 못 돼서 거기서 도망쳤어요."

눈이 동그래진 소녀가 묻는다.

"왜요?"

"난 시인이 되고 싶었어요. 억눌린 분위기에서 공부하기보단 자유로운 곳에서 문학 공부를 하고 싶었거든요."

유년 시절에 겪은 복잡한 일들을 어찌 말로 다하겠는가. 신학교에서 나온 후, 가족들에게 붙들려 다시 억눌린 생활을 하도록 떠밀렸다. 그걸 참지 못한 난 자살까지도 생각했다. 그 일로 슈테텐 정신 병원에 입원까지 했고. 그 뒤로 공부를 포기한 난 서점 판매원으로, 시계 공장 견습공으로 떠돌았다. 내 일생에서 가장 아프고 쓰라린 시절이었다.

호리호리한 소녀가 화들짝 놀라며 말한다.

"어머, 그건 작년에 선생님께서 쓰신《지와 사랑》에 나오는 내용 아냐?"

"수도원에서 나와 예술에 목숨을 바친 골드문트와 조용히 성직자의 길을 걷는 나르치스를 그린 그 소설?"

"어쩜. 선생님이 바로 그 멋진 골드문트?"

역시 작가 지망생들답다. 내 소설을 환히 꿰고 있다. 통통한 소녀가 두 손을 무릎 위에 가지런히 얹은 채 묻는다.

"그럼 선생님은 언제 시인이 되셨어요?"

"난 이런저런 허드렛일을 하면서 힘들게 지냈어요. 시인이 되고 싶다는 꿈이 있어서 그 시절을 견딜 수 있었죠. 그러다 마침내 스물한 살 때 첫 시집을 냈죠.《낭만적인 노래》라는 시집을요."

"너무 좋으셨겠다. 그쵸?"

"말할 수 없이 좋았죠. 꿈을 이루었으니까요. 그러나 세상에 내 이름을 널리 알린 건 스물일곱 살 때 발표한《페터 카멘친트》였어요. 난 그때부터 본격적인 작가의 길을 걸었어요. 나중엔 소설을 주로 썼지만요."

소녀들이 내가 쓴《수레바퀴 아래서》,《데미안》,《싯다르타》,《황야의 이리》등을 손으로 꼽으며 즐거워한다. 비록 어린 소녀들이지만, 내 작품을 뜨겁게 사랑해 주는 독자들을 보니 가슴 밑바닥에서 따스한 기운이 올라온다. 이런 맛에 때로는 힘들고 어려운 글쓰기를 계속하는가 보다.

모닥불 곁에 꽂아 두었던 기다란 꼬치에서 소시지와 감자가 익어 간다. 소시지가 꽂힌 꼬치를 골라들고 한입 베어 무니 그 맛이 일품이다. 입에서 살살 녹는다. 감자를 오물오물 씹던 눈이 큰 소녀가 묻는다.

"선생님처럼 훌륭한 작가가 되려면 어떻게 해야 하나요?"

"나를 훌륭하게 봐 주니 고맙네요. 하하. 좋은 글을 쓰기 위해선 먼저 좋은 글을 많이 읽어야겠죠."

"선생님은 저희 또래 때 어떤 책을 읽으셨는데요?"

"음, 다니엘 디포의《로빈슨 크루소》, 스위프트의《걸리버 여행기》, 찰스 디킨스의《데이비드 코퍼필드》, 클롭슈토크의《구세주》같은 책을 즐겨 읽었어요. 조금 커서는《논어》,《도덕경》,《여씨춘추》,《시경》같은 중국책들을 많이 봤고요."

"네에? 어떻게 중국책 보실 생각을 했어요?"

"난 한때 동양의 신비한 사상과 정신에 폭 빠져 지냈어요. 지금도 좀 그렇지만요."

"어떤 게 마음에 드셨는데요?"

"세상을 하나로 보고, 모든 걸 하나로 만들고자 하는 동양적인 생각이 마음에 들었어요. 하늘과 땅이 하나고, 삶과 죽음이 하나라는 생각 말이에요. 난 아마 전생에 동양인이었나 봐요. 하하하."

이때 내 바로 옆에 앉은 소녀가 꼬치를 내려놓고 손을 턴다. 나비 모양의 장식이 달린 머리띠를 한 모습이 예쁘다. 소녀가 순진한 표정으로 한마디 툭 던진다.

"그런데 책은 왜 읽어야 하죠?"

순간 여기저기서 비웃는 소리가 터져 나온다.

"어우 야. 그런 뻔한 질문을 하면 어떡하니?"

"얘! 그런 건 유치원에 다니는 애들이나 묻는 거 아니니?"

"아휴, 수준 안 맞아서 쟤랑 같이 못 놀겠다. 안 그러니?"

그러자 질문한 소녀의 얼굴이 빨개진다. 자칫 소녀의 가슴에 큰 상처로 남겠다. 내가 나서야겠다.

"이 소녀는 누구나 아무 생각 없이 그냥 지나치거나 건너뛰는 일에 주목한 거예요. 그러니 아주 훌륭한 질문을 한 셈이죠. 안 그런가요?"

내 말에 웅성거리던 자리가 차분하게 가라앉는다.

"난 친구를 얻기 위해서 독서를 했어요."

"친구라뇨?"

"책을 읽으면서 다른 사람의 생각과 만나는 거죠. 난 책을 읽을 때마다 그 낯선 생각을 이해하려고 노력했고, 마침내 그를 친구로 삼곤 했어요."

파란색 원피스를 입은 소녀가 발랄하게 묻는다.

"그럼 선생님은 친구가 아주 많겠네요?"

"그렇다고 할 수 있죠. 그 친구들이 없었다면 학교를 그만두고 방황하던 시절을 견디지 못했을 거예요. 그 친구들에 대한 사랑이 있었기에 험난한 가시밭길을 건널 수 있었죠."

"책 읽는 거랑 친구 사귀는 게 같네요."

"그럼요. 그래서 사랑이 없는 독서는 아무 의미가 없는 거예요. 책을 억지로 읽거나 의무감으로 읽어도 안 되고요. 그렇게 친구를 사귀는 사람은 어디에도 없으니까요."

"전 마음에 들지 않는 작품이라도 한 번 읽기 시작한 책은 꾹 참으면서 끝까지 읽거든요. 그러면 안 되는 건가요?"

"물론이에요. 책을 읽으면서 불같은 힘과 신선한 기운을 얻지 못한다면, 아까운 시간과 노력이 모두 허탕이 되고 말죠. 지식과 기쁨, 그리고 위로를 얻지 못하는 독서는 하나마나거든요."

소시지와 감자를 먹느라 흐트러졌던 자리가 다시 정돈된다. 소녀들이 별처럼 반짝이는 눈으로 날 바라본다.

"난 언젠가 아주 평범한 어떤 기술자 집에 초대받아 간 적이 있었어요. 그런데 놀랍게도 그 집의 책장에 책이 꽉 차 있는 거예요. 보통 사람들이 읽기 어려운 까다로운 책들도 많았고요."

단발머리 소녀가 장난스럽게 받아친다.

"장식용으로 사다 놓았나 보죠."

"그게 아니었어요. 그 기술자는 그전에는 책을 전혀 읽지 않았대요. 그러던 그가 어느 날 고기를 싼 신문에서 이름 모를 작가의 시를 읽게 됐대요. 그때 뭔가 가슴에 찡하고 와 닿더래요. 읽는 즐거움을 느낀 거죠."

"그래서요?"

"그때부터 책을 한 권 두 권 읽기 시작해서 거기까지 왔다는 거예요."

"오, 대단하네요."

"그래서 책은 아는 것부터 자연스럽게, 그리고 마음에 드는 것부터 읽어야 해요. 꼭 읽어야 할 책 같은 건 없어요. 자기가 읽어서 만족스럽고 기쁘고 행복하다면 그걸로 된 거예요. 각자 그런 책을 찾아 읽고, 그 책들과 친구가 되는 게 중요하죠."

나비 장식 머리띠를 한 소녀가 묻는다.

"전 베스트셀러만 골라서 읽는데, 그건 잘못된 건가요?"

"잘못되다뇨? 그렇지 않아요. 그러나 자기에게 의미가 있어서 그런 게 아니라, 다만 그 책이 유명하기 때문에 읽는다면 그건 잘못된 거죠."

"책을 왜 읽어야 하는지 이제야 좀 알 것 같아요."

"내가 지은 〈책〉이란 시를 들려주고 싶은데, 한 번 들어 볼래요?"

소녀들이 귀를 쫑긋 세운다. 별이 쏟아질 듯하다. 목청을 가다듬고 눈을 지그시 감는다.

이 세상 모든 책들이
그대에게 행복을 주지는 않는다네.
하지만 가만히 알려 주지,
그대 자신 속으로 되돌아가는 길을.

그대에게 필요한 건 모두 거기 있다네,
해와 달과 별도.
그대가 찾는 빛은
그대 자신 속에 깃들어 있으니까.

그대가 오랫동안 책 속에 파묻혀
찾아 헤매던 지혜.
책장마다 환히 빛나니
이제는 그대의 것이라네.

낭송이 끝나자 소녀들이 흐뭇한 표정을 짓는다. 호리호리한 소녀가 손뼉을 치며 나선다.
"선생님, 너무 멋져요."
"허험. 예쁜 숙녀의 칭찬을 들으니 어깨가 으쓱해지는데요."
"그런데 책은 어떻게 읽는 게 좋은가요? 전 마음이 급해서 남들보다 빨리 읽는 편이에요. 남들이 한 권 읽을 때, 전 두 권을 읽어야 직성이 풀리거든요."
"사람마다 다르지만, 난 친구의 이야기에 귀를 기울이듯이 책을 읽어야 한다고 생각해요. 글을 존경하는 마음과 알아들을 때까지 참는 마음, 그리고 그걸 받아들이려는 겸손한 마음이 있어야 해요. 그러기 위해선 여유를 갖고 천천히 읽는 게 좋겠죠."
이때 날 골리던 성숙한 소녀가 아까와는 다른 표정으로 묻는다.

"전 책을 손에 잡히는 대로 읽어요. 여러 분야의 책을 읽어서 많은 걸 알고 싶거든요."

"다양한 책을 많이 읽는 건 대단히 좋은 일이에요. 그러나 내 생각에는 성급하게 이 책 저 책을 마구잡이식으로 읽는 건 좋지 않아요. 그것보단 한 작가나 한 시대, 혹은 한 분야의 책을 오래 천천히 읽는 게 좋을 듯해요."

"속속들이 잘 알아야 진짜 친구가 되는 것처럼 말이죠?"

겉만 성숙한 줄 알았더니 속도 꽉 찼다. 내 말을 알아듣는 이들과 함께하는 시간은 언제나 유쾌하다.

얌전히 앉아 고개를 끄덕이던 머리 딴 소녀가 입을 연다.

"전 심심하거나 기분이 별로일 때 주로 책을 읽어요. 그러면 재미도 있고 마음도 풀리거든요."

"누구나 독서를 하면 기쁨과 행복을 느끼죠. 그러나 책은 남는 시간을 채우기 위한 게 아니라고 생각해요. 오히려 알프스 산을 오르는 등산가와 같은 굳은 마음가짐이 있어야 해요. 그래야 그 책이 비로소 내 것이 되는 거죠."

소녀가 머리를 갸우뚱한다.

"그게 무슨 말씀이죠?"

"책을 읽을 때 온 정신을 집중해야 해요. 설렁설렁 읽으면 그 책이 우리에게 말하고자 하는 걸 제대로 알아들을 수 없을 테니까요."

통통한 소녀가 수줍은 듯이 몸을 꼬면서 말한다.

"저는 읽은 책을 보고, 또 보고 그래요. 이건 나쁜 버릇인가요?"

"책을 읽는 데 있어서 나쁜 건 없어요. 책을 안 읽는 게 나쁜 거죠."

"그럼 저처럼 독서해도 되는 거예요?"

"난 감동받은 책은 얼마 지난 다음에 꼭 다시 읽어 봤어요. 그러면 처음에는 몰랐던 아름다움과 힘을 느끼게 되는데, 그게 얼마나 놀라운 일인지 몰라요. 그렇지만 읽은 책만 계속 읽는다면 그건 좀 고치는 게 좋겠죠. 입에 맞는 음식만 먹는 편식이 건강에 안 좋은 것처럼요."

건너편에 앉은 눈이 큰 소녀가 시원시원한 목소리로 묻는다.

"선생님은 어떤 책을 몇 번이나 반복해서 보셨는데요?"

"음. 고트프리트 캘러의 《녹색의 하인리히》를 네 번, 뫼리케의 《보물》을 일곱 번, 케르너의 《여행의 그림자》를 세 번 읽었어요. 그리고 아이헨도르프의 《어느 건달의 생활》을 여섯 번, 터키의 《앵무책》의 단편들을 네다섯 번 정도 읽었고요."

잡지사 여기자가 일어나 자리를 마무리해 달라는 듯 손짓한다.

"오늘 작가가 될 꿈을 가지고 있는 여러분들을 만나 즐거웠어요. 좋은 작가가 되기 위해선 좋은 독자가 돼야 해요. 책벌레가 돼야 글벌레도 될 수 있는 거죠. 오늘은 여러분들을 책벌레로 만났지만, 다음엔 글벌레로 만나길 바라요. 여러분 앞날에 축복이 있길 빌어요."

"선생님 고맙습니다!"

아쉬운 듯 손을 흔드는 가운데 여름밤이 깊어 간다. 모닥불의 타오르는 불꽃이 별을 향해 달린다. 내일의 별이 될 이들의 꿈을 싣고. 별똥별이 밤하늘을 가른다.

헤르만 헤세
책과 마음을 나누는 친구가 되다

헤르만 헤세는 1877년 7월 2일 남독일 뷔르템베르크의 칼프에서 태어났다. 러시아 식민지인 에스틀란트에서 태어난 아버지 요하네스 헤세는 목사이며, 인도에서 자란 어머니 마리 군데르트 역시 신학자 집안의 여인이었다. 외할아버지인 헤르만 군데르트는 신학자로서 인도에서 오랫동안 포교 활동을 했고, 그가 가지고 있던 수천 권의 책은 헤르만 헤세에게 큰 영향을 주었다. 이런 환경에서 자란 그는 어려서부터 동양과 서양의 영향을 동시에 받았다. 그의 작품이 동양적이라는 평가를 받는 것은 이런 환경에서 비롯되었다.

헤세는 어려서 스위스의 바젤에서 잠시 지낸 것을 빼고는 대부분 칼프에서 지냈다. 1890년에 괴핑겐의 라틴어 학교에 입학하고, 이듬해에 뷔르템베르크 지방 시험에 합격해 마울브론 신학교에 들어갔다. 그러나 시인이 되길 꿈꾼 헤세는 1892년 3월, 입학 7개월 만에 신학교의 기숙사 생활을 견디지 못하고 도망쳤다. 그 뒤 가족에 의해 바트 볼로 끌려갔으나, 그는 그 분위기를 이기지 못하고 자살을 하려고까지 했다. 슈테텐 신경 정신과 요양원에서 3개월 간 치료를 받았다. 퇴원 후 다시 칸스타트 고등학교에 들어갔지만, 바로 그만두었다. 그 뒤 칼프의 시계 공장에서 수습사원으로 15개월 동안 근무하며 문학 수업을 시작했다. 이어 1895년에 튀빙겐의 헤켄바우어 출판사에서 견습생 생활을 했다.

한편 근무하고 남는 시간을 쪼개 작품을 써서 1898년에 첫 시집인 《낭만적인 노래》와 산문집 《자정 이후의 한 시간》을 출판했다. 헤세는 이로

써 시인이 됐지만, 그의 이름을 유명하게 한 것은 27살 때인 1904년에 발표한 최초의 장편소설 《페터 카멘친트》였다. 그해 9살 연상의 피아니스트인 마리아 베르누이와 결혼했다. 그러고는 스위스의 보덴 호수가에 있는 작은 마을에 자리 잡고 본격적인 작가 생활을 시작했다.

  1916년에는 아버지인 요하네스 헤세가 세상을 뜨고, 부인인 마리아의 정신병이 악화되었으며, 막내아들인 마르틴마저 병에 걸렸다. 이런 불행한 일을 계속 당하자, 헤세 자신도 심한 신경 쇠약에 시달리게 되어 정신 요법 치료를 받기도 했다.

  1939년 제2차 세계대전이 터지자 나치의 탄압으로 헤세의 작품들이 몰수되고, 출판이 금지됐다. 그는 1943년 스위스에서 《유리알 유희》를 발표했다. 그는 이 소설에서 인류가 전쟁으로 인해 황폐화하고 있는 시기에 고귀한 정신문화의 권위를 되찾고자 했다. 조화로움 속에서 하나가 되는 이상 세계를 찾고자 했던 것이다. 헤세는 이 작품으로 전쟁이 끝난 1946년에 노벨 문학상을 받았다. 그는 평생 인간 정신의 자유와 인간성의 고귀함, 그리고 자기실현의 길을 추구했다. 1962년 8월 9일, 85세의 나이로 세상을 떠났다.

유년시절 헤르만헤세가 즐겨 읽은 책

걸리버 여행기

영국의 조나단 스위프트(1667년~1745년)가 1726년에 간행한 4권의 풍자 소설이다. 주인공인 걸리버가 항해 도중에 폭풍우를 만나 소인국, 대인국, 하늘을 나는 섬나라, 말나라 등을 표류해 다니면서 신기한 경험을 한다는 내용이다. 자유분방한 상상력 때문에 지금도 세계 각국에서 애독되고 있다. 소인국과 대인국 편은 나중에 고쳐서 어린이들이 읽기 좋도록 했다. 그러나 원래는 인간이 싫어하고 미워할 동물이라는 비판으로 쓰인 작품이다. 특히 마지막의 말나라 편에서는 말이 이성을 가지고 나라를 다스리고 있으며, 인간인 야후라는 동물은 말에게 사육되든, 야생이든 간에 매우 추악하고, 비열하고, 불결하고, 뻔뻔한 종족으로 그려져 있다. 이 작품은 18세기 영국의 정치와 종교의 위선적인 행동, 권위적인 태도, 맹목적인 추종을 신랄하게 비판하고 있다. 그러나 인간을 미워하는 마음이 짙게 드러나고 있음에도 불구하고, 이상향을 향한 꿈이 깔려 있어 독자들에게 흥미와 교훈을 주고 있다.

데이비드 코퍼필드

영국의 찰스 디킨스(1812년~1870년)가 1850년에 완결한 자서전적인 장편소설이다. 유복자로 태어난 데이비드의 힘들고 험한 청소년 시절을 기지와 유머로 그렸다. 작가 자신의 어린 시절의 추억과 고난이 새겨져 있어서 주인공 데이비드는 작자 자신인 셈이다. 아버지가 없이 태어난 데이비드는 어머니의 재혼으로 인해 불행하게 되며, 갖가지 고통을 참고 견뎌내 마침내 소설가로서 성공하는 과정을 그렸다. 두 여인 도라와 아그네스와의 애정, 그리고 디킨스의 아버지가 모델인 낙천적이고 사람 좋은 미코바, 충실한 가정부 페고티, 가련한 소녀 에밀리 등 많은 인물의 성격과 특징이 생생하게 묘사되고 있다. 때로는 이들이 주인공 이상으로 깊은 인상을 남기고 있다. 디킨스 자신이 가장 좋아했던 작품으로 그의 대표작 중의 하나다.

녹색의 하인리히

독일계의 스위스 작가인 고트프리트 켈러(1819년~1890년)의 자서전적인 장편 소설이다. 1853년부터 1855년에 걸쳐 간행된 총 4권의 작품이다. 괴테의 《빌헬름 마이스터》에 견주는 교양소설로 1880년에 개작하여 결정판이 나왔다. 주인공인 하인리히는 어려서 아버지를 여의고 홀어머니 밑에서 자란다. 그는 언제나 녹색 옷을 입고 다녀서 녹색의 하인리히로 불린다. 얌전한 편인 하인리히는 능력이 없는 교사를 몰아내자는 데모행진에 참가했다가 학교에서 퇴학당한다. 청순한 안나를 사랑하면서도 육감적인 연상의 유디트에게도 마음이 끌린다. 안나와는 정신적인 사랑을 나누지만, 병으로 일찍 죽고 만다. 곧이어 육체적인 사랑을 느끼던 유디트마저 미국으로 떠나 버린다. 하인리히는 뮌헨에 가서 풍경화가가 되려고 하나, 훌륭한 스승을 만나지 못한다. 화가 수업에 실패하고 실의에 빠져 고향으로 돌아오는 도중에 백작 저택에서 좋은 대접을 받는다. 백작의 양녀를 사랑하게 되지만 용기가 없어 고백하지 못한다. 고향에 돌아오자 어머니가 돌아가셔서 깊은 후회에 빠져 고민한다. 화가가 되기를 포기한 하인리히는 군청의 관리가 된다. 그 뒤 미국에서 다시 돌아온 유디트와 우정을 나누면서 굳세게 살아간다. 날카로운 사실 묘사와 풍부한 유머가 돋보이는 작품이다.

책벌레들의 속닥속닥 독서 비법!

정조대왕

"이 아비는 〈독서기〉라는 책을 만들어 어려서부터 읽었던 모든 책을 경·사·자·집이라는 분야별로 나누어 상세히 기록했어. 그런 다음 책의 제목과 지은이를 적고, 의심나는 곳이 있으면 자세하게 주를 달고, 끝에는 읽은 날짜와 감상을 적어 두었지. 그러곤 한가할 때 그걸 펼쳐 보면서 반성의 기회로 삼았단다. 이렇게 하면 책 내용을 자세하게 살피고, 또렷하게 생각하는 게 몸에 배게 될 거야."

이황

"책을 읽을 땐 자세를 바르게 하고 앉아서 정성을 쏟아야 해요. 그러고는 그 속에 담겨 있는 참된 뜻을 완전히 깨우칠 때까지 정밀하게 되풀이해서 읽어야 해요. 그래야만 그 글이 자기 몸에 배고 마음속에 길이 남게 되거든요. 그때 옛 성인을 본받아 올바르게 살 수 있게 되죠."

서경덕

"난 우리 주변을 가득 채우고 있는 기운이 모든 사물의 근원이라 생각하고 있단다. 그래서 온 세상이 만들어지고 변화하는 이치를 궁리해 왔지. 그런데 많은 선비들은 책을 읽으면서 그 글자에만 매달려서 자연의 이치에는 관심이 없었지 뭐냐. 그거야말로 아무 의미 없는 뜬 구름 같은 독서인데 말이다. 책은 모르는 것을 알려주고, 세상의 이치를 탐구하는 데 도움이 된단다. 그러므로 책을 많이 읽고 깊이 생각하면 세상을 다스릴 힘도 얻을 수 있지."

뉴턴

"나는 체계적으로 독서를 했어요. 읽어야 할 책을 순서대로 정해 놓고 독서를 했으니까요. 특히 똑같은 사물이나 현상에 대해 설명하는 지은이들 간의 차이점에 주목했어요. 그래서 서로 다른 의견을 낸 이들의 이론과 내 생각을 비교하면서 책을 읽었죠. 의문이 생기는 부분에 질문 내용을 적고, 내 생각과 다른 부분에는 반대 의견을 적으면서 읽은 거예요."

벤저민
프랭클린

"난 책을 읽으면서도 내 생각을 하면서 읽었던 거야. 나쁜 버릇이지. 그런데 이제는 지은이의 생각에 우선 귀를 기울이고, 그 다음에 의문을 품으면서 다시 생각하는 식으로 독서한 거야. 그리고 책을 좋아하는 사람들끼리 모여서 독서 토론하는 모임을 만들었지. 매주 만나 철학, 윤리, 정치, 물리학, 수학 등에 대해 토론했어. 덕분에 온갖 분야의 책들을 엄청 읽었지. 백과사전에 나오는 만큼은 아니지만, 그런 독서 덕에 난 여러 방면의 전문가가 되었지."

처칠

"같은 책이라도 여러 번 반복해 읽으면서 암기했어요. 좋은 단어와 문장을 많이 외워 두면 생각하는 힘과 표현하는 힘이 길러지거든요. 좋은 글을 많이 읽어야 좋은 글을 쓸 수 있다는 게 바로 그런 이치죠. 또 책을 읽다가 좋은 아이디어가 떠오르면 그 자리에서 메모했어요."

"책은 아는 것부터 자연스럽게, 그리고 마음에 드는 책부터 읽어야 해요. 꼭 읽어야 할 책 같은 건 없어요. 자기가 읽어서 만족스럽고 기쁘고 행복하다면 그걸로 된 거예요. 각자 그런 책을 찾아 읽고, 그 책들과 친구가 되는 게 중요하죠."

헤르만 헤세

참고 문헌

서자들의 친구, 정조대왕
이이화 《문화 군주 정조의 나라 만들기》 한길사, 2005
유봉학 《정조대왕의 꿈》 신구문화사, 2001
박광용 《영조와 정조의 나라》 푸른역사, 2006
정옥자 《정조의 수상록 일득록 연구》 일지사, 2000
햇살과 나무꾼 《정조》 어린이중앙, 2006
표시정 《정조》 파랑새어린이, 2000

시골 서당에 온 학동들과 이황
신귀현 《퇴계 이황》 예문서원, 2002
윤사순 편저 《퇴계 이황》 예문서원, 2005
민병덕 《이황》 파랑새어린이, 2005
고전문학연구회 편 《자식교육 마음공부가 먼저다》 거송미디어, 2005
김건우 《옛사람 59인의 공부 산책》 도원미디어, 2004

서당 못 다니는 아이와 서경덕
이종호 《화담 서경덕》 일지사, 2004
박성래 《서경덕》 문화관광부·한국문화예술진흥원, 2000
김상규 《장편소설 화담 서경덕》 아침이슬, 2005
김건우 《옛사람 59인의 공부 산책》 도원미디어, 2004
햇살과나무꾼 《옛날사람들은 어떻게 공부했을까?》 채우리, 2004

어린이 수학 천재들과 뉴턴
제인 제이크먼 《30분에 읽는 뉴턴》 랜덤하우스중앙, 2005
앤드레이드 《아이작 뉴턴》 전파과학사, 1991
이봉 《근대 물리학의 선구자 뉴턴》 지경사, 2006
으뜸싹 《칠삭둥이 뉴턴》 아테나, 2005
홍성욱·이상욱 《뉴턴과 아인슈타인》 창비, 2005

가출 소녀와 벤저민 프랭클린
벤저민 프랭클린 《프랭클린 위대한 생애》 지훈출판사, 2005
벤저민 프랭클린 《프랭클린 자서전》 예림미디어, 2004
월터 아이작슨 《벤저민 프랭클린 인생의 발견》 21세기북스, 2006
탐 슈트라이스구트 《벤저민 프랭클린》 성우주니어, 2006
에드거 파린 돌레르 《벤저민 프랭클린》 미래사, 2006
벤저민 프랭클린 《가난한 리처드의 달력》 휴먼하우스, 2006

모교를 방문한 꼴찌, 처칠 총리
스티븐 맨스필드 《윈스턴 처칠의 리더십》 청우, 2003
실리아 샌디스·조나단 리트만 《우리는 결코 실패하지 않는다》 한스미디어, 2004
사이먼 애덤스 《윈스턴 처칠》 작가정신, 2006
재니스 해밀턴 《윈스턴 처칠》 성우주니어, 2006

문학 캠프에 간 헤르만 헤세
헤르만 헤세 《헤르만 헤세의 독서의 기술》 뜨인돌, 2006
헤르만 헤세 《헤세의 명언》 범우사, 1999
알로이스 프린츠 《헤르만 헤세》 더북, 2002
이인웅 《헤르만 헤세와 동양의 지혜》 두레, 2001